隨身佛典

長阿含經

後秦佛陀耶舍共竺佛念 譯

隨身佛典

長阿含經

後秦佛陀耶舍共竺佛念 譯

隨身佛典

長阿含經

後秦佛陀耶舍共竺佛念 譯

隨身佛典

長阿含經

後秦佛陀耶舍共竺佛念 譯

隨身佛典

長阿含經

第二册

卷六～卷十一

後秦佛陀耶舍共竺佛念 譯

目錄（第二冊）

佛說長阿含經卷第六

後秦弘始年佛陀耶舍共竺佛念譯

(五)第二分初小緣經第一

如是我聞：一時，佛在舍衞國清信園林鹿母講堂，與大比丘衆千二百五十人俱。

爾時有二婆羅門以堅固信往詣佛所，出家為道，一名婆悉吒，二名婆羅墮。爾時世尊於靜室出，在講堂上彷徉經行。時婆悉吒見佛經行，即尋速疾詣婆羅墮，而語之言：「汝知不耶？如來今者出於靜室，堂上經行，我等可共詣世尊所，儻聞如來有所言說。」

時婆羅墮聞其語已，即共詣世尊所，頭面禮足，隨佛經行。爾時世尊告婆悉吒曰：「汝等二人出婆羅門種，以信堅固於我法中出家修道耶？」

答曰：「如是。」

佛言：「婆羅門！今在我法中出家為道，諸婆羅門得無嫌責汝耶？」

答曰：「唯然！蒙佛大恩，出家修道，實自為彼諸婆羅門所見嫌責。」

佛言：「彼以何事而嫌責汝？」

尋白佛言：「彼言：『我婆羅門種最為第一，餘者卑劣。我種清白，餘者黑冥。我婆羅門種出自梵天，從梵口生，於現法中得清淨解，後亦清淨。汝等何故捨清淨種，入彼瞿曇異法中耶？』世尊！彼見我於佛法中出家修道，以如此言而呵責我。」

佛告婆悉吒：「汝觀諸人愚冥無識猶如禽獸，虛假自稱：『婆羅門種最為第一，餘者卑劣。我種清白，餘者黑冥。我婆羅門種出自梵天，從梵口生，現得清淨，後亦清淨。』婆悉吒！今我無上正真道中不須種姓，不恃吾我憍慢之心，俗法須此，我法不爾。若有沙門、婆羅門，自恃種姓，懷憍慢心，於我法中終不得成無上證也。若能捨離種姓，除憍慢心，則於我法中得成道證，堪受正法。人惡下流，我法不爾。」

佛告婆悉吒：「有四姓種，善惡居之，智者所舉，智者所責。何謂為四？一者、剎利種，二者、婆羅門種，三者、居士種，四者、首陀羅種。婆悉吒！汝聽剎利種中有殺生者，有盜竊者，有婬亂者，有欺妄者，有兩舌者，有惡口者，有綺語者，有慳貪者，有嫉妬者，有邪見者。婆羅門種、居士種、首陀羅種亦皆如是，雜十惡行。婆悉吒！夫不善行有不善報，為黑冥行則有黑冥報。若使此報獨在剎利、居士、首陀羅種，不在婆羅門種者，則婆羅門種應得自言：『我婆羅門種最為第一，餘者卑劣。我種清白，餘者黑冥。我婆羅門種出自梵天，從梵口生，現得清淨，後亦清淨。』若使行不善行有不善報，為黑冥行有黑冥報，必在婆羅門種、剎利、居士、首陀羅種者，則婆羅門不得獨稱：『我種清淨，最為第一。』

「婆悉吒！若剎利種中有不殺者，有不盜、不婬、不妄語、不兩舌、不惡口、不綺語、不慳貪、不嫉妬、不邪見。婆羅門種、居士、首陀羅種亦皆如是，同修十善。夫行善法必有善報，行清白行必有白報。若使此報獨在婆羅門，不在剎利、居士、首陀羅者，則婆羅門種應得自言：『我種清淨，最為第一。』若使四姓同有此報者，則婆羅門不得獨稱：『我種清淨，最為第一。』」

佛告婆悉吒：「今者現見婆羅門種，嫁娶產生與世無異，而*自詐稱：『我是梵種，從梵口生，現得清淨，後亦清淨。』婆悉吒！汝今當知，今我弟子種姓不同，所出各異，於我法中出家修道，若有人問：『汝誰種姓？』當答彼言：『我是沙門釋種子也。』亦可自稱：『我是婆羅門種，親從口生，從法化生，現得清淨，後亦清淨。』所以者何？大梵名者即如來號，如來為世間眼，[1]為世間智，為世間法，為世間梵，為世間法輪，為世間甘露，為世間法主。

「婆悉吒！若刹利種中有篤信於佛、如來、至真、等正覺，十號具足。篤信於法，信如來法，微妙清淨，現可修行。說無時節，示泥洹要，智者所知，非是凡愚所能及教。篤信於僧，性善質直，道果成就，眷屬成就，佛真弟子法法成就。所謂衆者，戒衆成就，定衆、慧衆、解脫衆、解脫知見衆成就，向須陀洹、得須陀洹，向斯陀含、得斯陀含、向阿那含、得阿那含，向阿羅漢、得阿羅漢，四雙八輩，是為如來弟子衆也。可敬可尊，為世福田，應受人供。篤信於戒，聖戒具足，無有缺漏，無諸瑕隙，亦無*玷汚，智者所稱，具足善寂。婆悉吒！諸婆羅門種、居士、首陀羅種亦應如是篤信於佛，信法、信衆，成就聖戒。婆悉吒！剎利種中亦有供養羅漢，恭敬禮拜者。婆羅門、居士、首陀羅亦皆供養羅漢，恭敬禮拜。」

佛告婆悉吒：「今我親族釋種亦奉波斯匿王，宗事禮敬，波斯匿王復來供養禮敬於我，彼不念言：『沙門瞿曇出於豪族，我姓卑下；沙門瞿曇出大財富、大威德家，我生下窮鄙陋小家故，致供養禮敬如來也。』波斯匿王於法觀法，明識真偽，故生淨信，致敬如來耳。

「婆悉吒！今當為汝說四姓本緣。天地始終劫盡壞時，衆生命終皆生光音天，自然化生以念為食，光明自照神足飛空。其後此地盡變為水，無不周遍。當於爾時，無復日月星辰，亦無晝夜年月歲數，唯有大冥。其後此水變成大地，光音諸天福盡命終，來生此間。雖來生此猶以念食，神足飛空身光自照，於此住久，各自稱言：『衆生！衆生！』其後此地甘泉涌出，狀如酥蜜。彼初來天性輕*躁者，見此泉已，默自念言：『此為何物？可試嘗之。』即內指泉中，而試嘗之。如是再三轉覺其美，便以手抄自恣食之。如是樂著，遂無厭足，其餘衆生復效食之。如是再三復覺其美，食之不已其身轉麤，肌肉堅鞕失天妙色，無復神足履地而行，身光轉滅，天地大冥。

「婆悉吒！當知天地常法，大冥之後，必有日月星*象現於虛空，然後方有晝夜晦明、日月歲數。爾時眾生但食地味，久住世間，其食多者顏色麤醜，其食少者色猶悅澤，好醜端正於是始有。其端正者，生憍慢心，輕醜陋者；其醜陋者，生嫉惡心，憎端正者。眾生於是各共忿諍。是時甘泉自然枯涸，其後此地生自然地肥，色味具足香潔可食，是時眾生復取食之，久住世間。其食多者顏色麤醜，其食少者色猶悅澤。其端正者，生憍慢心，輕醜陋者；其醜陋者，生嫉惡心，憎端正者。眾生於是各共諍訟，是時地肥遂不復生。

「其後此地復生麤厚地肥，亦香美可食，不如前者，是時眾生復取食之，久住世間。其食多者色轉麤醜，其食少者色猶悅澤。端正醜陋迭相是非，遂生諍訟，地肥於是遂不復生。其後此地生自然粳米，無有糠𥝲，色味具足香潔可食，是時衆生復取食之，久住於世，便有男女互共相視，漸有情欲轉相親近。其餘衆生見已，語言：『汝所為非！汝所為非！』即排擯驅遣出於人外，過三月已然後還歸。」

佛告婆悉吒：「昔所非者，今以為是。時彼衆生習於非法，極情恣欲無有時節。以慙愧故遂造屋舍，世間於是始有房舍。翫習非法婬欲轉增，便有胞胎，因不淨生，世間胞始於是也。時彼衆生食自然粳米，隨取隨生，無可窮盡。時彼衆生有懈惰者，默自念言：『朝食朝取，暮食暮取，於我勞勤，今欲併取以終一日。』即尋併取。於後等侶喚共取米，其人答曰：『我已併取以供一日，汝欲取者自可隨意。

』彼人復自念言：『此人黠慧能先儲積，我今亦欲積粮以供三日。』其人即儲三日餘粮。有餘衆生復來語言：『可共取米。』答言：『吾已先積三日餘粮，汝欲取者可往自取。』彼人復念：『此人黠慧先積餘粮，以供三日，吾當效彼，積粮以供五日。』即便往取。

「時彼衆生競儲積已，粳米荒穢，轉生糠糩，刈已不生。時彼衆生見此不悅，遂成憂迷，各自念言：『我本初生以念為食，神足飛空身光自照，於世久住。其後此地甘泉涌出，狀如酥蜜，香美可食，我等時共食之。食之轉久，其食多者顏色麤醜，其食少者色猶悅澤。由是食故，使我等顏色有異，衆生於是各懷是非，迭相憎嫉，是時甘泉自然枯竭。其後此地生自然地肥，色味具足香美可食，時我曹等復取食之。其食多者顏色麤醜，其食少者顏色悅澤。眾生於是復懷是非，迭相憎嫉，是時地肥遂不復生。其後復生麤厚地肥，亦香美可食，時我曹等復取食之。多食色麤，少食色悅，復生是非共相憎嫉，是時地肥遂不復現。更生自然粳米，無有糠糩，時我曹等復取食之，久住於世。其懈怠者競共儲積，由是粳米荒穢，轉生糠糩，刈已不生，今當如何？』復自相謂言：『當共分地，別立幖幟。』即尋分地，別立幖幟。

「婆悉吒！*由此因緣，始有田地名生。彼時眾生別封田地，各立疆畔，漸生盜心竊他禾稼。其餘眾生見已，語言：『汝所為非！汝所為非！自有田地而取他物，自今已後勿復爾也。』其彼眾生猶盜不已，其餘眾生復重呵責而猶不已，便以手加之，告諸人言：『此人自有田稼，而盜他物。』其人復告：『此人打我。』時彼眾人見二人諍已，愁憂不悅懊惱而言：『眾生轉惡，世間乃有此不善，生穢惡不淨，此是生、老、病、死之原，煩惱苦報墮三惡道，由有田地致此諍訟。今者寧可立一人為主以治理之，可護者護，可責者責。眾共減米以供給之，使理諍訟。』」

「時彼眾中自選一人，形體長大顏貌端正有威德者，而語之言：『汝今為我等作平等主，應護者護，應責者責，應遣者遣。當共集米，以相供給。』時彼一人聞眾人言，即與為主，斷理諍訟，眾人即共集米供給。時彼一人復以善言慰勞眾人，眾人聞已皆大歡喜，皆共稱言：『善哉！大王！善哉！大王！』於是世間便有王名，以正法治民，故名剎利，於是世間始有剎利名生。

「時彼衆中獨有一人作如是念：『家為大患，家為毒刺，我今寧可捨此居家，獨在山林閑靜修道。』即捨居家入於山林，寂默思惟，至時持器入村乞食，衆人見已皆樂供養，歡喜稱讚：『善哉！此人能捨家居獨處山林，靜默修道捨離衆惡。』於是世間始有婆羅門名生。彼婆羅門中有不樂閑靜坐禪思惟者，便入人間誦習為業，又自稱言：『我是不禪人。』於是世人稱不禪婆羅門。由入人間故，名為人間婆羅門。於是世間有婆羅門種。彼衆生中有人好營居業，多積財寶，因是衆人名為居士。彼衆生中有多機巧，多所造作，於是世間始有首陀羅工巧之名。

「婆悉吒！今此世間有四種名，第五有沙門衆名。所以然者，婆悉吒！剎利衆中，或時有人自厭己法，剃除鬚髮，而披法服，於是始有沙門名生。婆羅門種、居士種、首陀羅種，或時有人自厭己法，剃除鬚髮，法服修道，名為沙門。婆悉吒！剎利種中，身行不善，口行不善，意行不善，身壞命終必受苦報。婆羅門種、居士種、首陀羅種，身行不善，口行不善，意行不善，身壞命終必受苦報。婆悉吒！剎利種中，有身行善，口、意行善，身壞命終必受樂報。婆羅門、居士、首陀羅種中，身行善，口、意行善，身壞命終必受樂報。婆悉吒！剎利*種中，身行二種，口、意行二種，身壞命終受苦樂報。婆羅門種、居士種、首陀羅種，身行二種，口、意行二種，身壞命終受苦樂報。

「婆悉吒！剎利種中，有剃除鬚髮，法服修道，修七覺意，道成不久。所以者何？彼族姓子法服出家，修無上梵行，於現法中自身作證：生死已盡，梵行已立，所作已辦，不復受有。婆羅門、居士、首陀羅種中，有剃除鬚髮，法服修道，修七覺意，道成不久，所以者何？彼族姓子法服出家，修無上梵行，於現法中自身作證：生死已盡，梵行已立，所作已辦，不復受有。婆悉吒！此四種中皆出明行成就羅漢，於五種中為最第一。」

佛告婆悉吒：「梵天王頌曰：

生中剎利勝，　能捨種姓去；
明行成就者，　世間最第一。」

佛告婆悉吒：「此梵善說，非不善說；此梵善受，非不善受。我時即印可其言。所以者何？今我如來、至真亦說是義：

生中剎利勝，　能捨種姓去；
明行成就者，　世間最第一。」

爾時世尊說此法已，婆悉吒、婆羅墮無漏心解脫，聞佛所說，歡喜奉行。

(六)佛說長阿含第二分轉輪聖王修行經第二

如是我聞：一時，佛在摩羅醯搜人間遊行，與千二百五十比丘漸至摩樓國。

爾時世尊告諸比丘：「汝等當自熾燃，熾燃於法，勿他熾燃；當自歸依，歸依於法，勿他歸依。云何比丘當自熾燃，熾燃於法，勿他熾燃？當自歸依，歸依於法，勿他歸依？於是比丘內身身觀，精勤無懈，憶念不忘，除世貪憂。外身身觀、內外身身觀，精勤無懈，*憶念不忘，除世貪憂。受、意、法觀，亦復如是，是為比丘自熾燃，熾燃法，不他熾燃；自歸依，歸依於法，不他歸依。

「如是行者，魔不能嬈，功德日增。所以者何？乃往過去久遠世時，有王名堅固念，剎利水澆頭種，為轉輪聖王，領四天下。時王自在以法治化，人中殊特，七寶具足：一者、金輪寶，二者、白象寶，三者、紺馬寶，四者、神珠寶，五者、玉女寶，六者、居士寶，七者、主兵寶。千子具足，勇健雄猛，能伏怨敵，不用兵杖，自然太平。

堅固念王久治世已，時金輪寶即於虛空忽離本處，時典輪者速往*白王：『大王！當知今者輪寶離於本處。』時堅固王聞已念言：『我曾於先宿耆舊所聞，若轉輪聖王輪寶移者，王壽未幾。我今*已受人中福樂，宜更方便受天福樂，當立太子領四天下，別封一邑與下髮師，*令下鬚髮，服三法衣，出家修道。』

「時堅固念王即命太子而告之曰：『卿為知不？吾曾從先宿耆舊所聞：若轉輪聖王金輪離本處者，王壽未幾。吾今已受人中福樂，當更方便還受天福。今欲剃除鬚髮，服三法衣，出家為道，以四天下委付於汝，宜自勉力，存恤民物。』是時太子受王教已，時堅固念王即剃除鬚髮，服三法衣，出家修道。

「時王出家過七日已，彼金輪寶忽然不現，其典輪者往白王言：『大王！當知今者輪寶忽然不現。』時王不悅，即往詣堅固念王所，到已白王：『父王！當知今者輪寶忽然不現。』時堅固念王報其子曰：『汝勿懷憂以為不悅，此金輪寶者非汝父產，汝但勤行聖王正法。行正法已，於十五日月滿時，沐浴香湯，婇女圍遶，昇正法殿上，金輪神寶自然當現，輪有千輻光色具足，天匠所造非世所有。』

「子白父王：『轉輪聖王正法云何？當云何行？』王告子曰：『當依於法，立法具法，恭敬尊重，觀察於法，以法為首，守護正法。又當以法誨諸婇女，又當以法護視教誡諸王子、大臣、群*僚、百官及諸人民、沙門、婆羅門，下至禽獸，皆當護視。』

「又告子曰：『又汝土境所有沙門、婆羅門履行清真，功德具足，精進不懈，去離憍慢，忍辱仁愛，閑獨自修，獨自止息，獨到涅槃。自除貪欲，化彼除貪；自除瞋恚，化彼除瞋；自除愚癡，化彼除癡。於染不染，於惡不惡，於愚不愚。可著不著，可住不住，可居不居。身行質直，口言質直，意念質直。身行清淨，口言清淨，意念清淨，正*命清淨。仁慧無厭，衣食知足，持鉢乞食，以福衆生。有如是人者，汝當數詣，隨時諮問：凡所修行，何善何惡？云何為犯？云何非犯？何者可親？何者不可親？何者可作？何者不可作？施行何法，長夜受樂？汝諮問已，以意觀察，宜行則行，宜捨則捨。國有孤老，當拯給之。貧窮困劣，有來*求者，慎勿違逆。國有舊法，汝勿改易，此是轉輪聖王所修行法，汝當奉行。』」

佛告諸比丘：「時轉輪聖王受父教已，如說修行。後於十五日月滿時，沐浴香湯，昇高殿上，婇女圍遶，自然輪寶忽*現在前。輪有千輻光色具足，天匠所造非世所有，真金所成，輪徑丈四。時轉輪王默自念言：『我曾從先宿耆舊所聞，若剎利王水澆頭種，以十五日月滿時，沐浴香湯，昇寶殿上，婇女圍遶，自然金輪忽現在前，輪有千輻光色具足，天匠所造非世所有，真金所成，輪徑丈四，是則名為轉輪聖王。今此輪現，將無是耶？今我寧可試此輪寶。』

「時轉輪王即召四兵，向金輪寶偏露右臂，右膝著地，復以右手摩捫金輪，語言：『汝向東方，如法而轉，勿違常則。』輪即東轉。

時王即將四兵隨從其後，金輪寶前有四神導，輪所住處，王即止駕。爾時東方諸小國王見大王至，以金鉢盛銀粟，銀鉢盛金粟，來趣王所，拜首白言：『善來，大王！今此東方土地豐樂，人民熾盛，志性仁和，慈孝忠順，唯願聖王於此治正！我等當給使左右，承受所當。』時轉輪大王語小王言：『止！止！諸賢！汝等則為供養我已，但當以正法治，勿使偏枉，無令國內有非法行，此即名曰我之所治。』

「時諸小王聞此教已，即從大王巡行諸國，至東海表。次行南方、西方、北方，隨輪所至，其諸國王各獻國土，亦如東方諸小國比。時轉輪王既隨金輪，周行四海以道開化，安慰民庶已還本國。時金輪寶在宮門上虛空中住，時轉輪王踊躍而言：『此金輪寶真為我瑞，我今真為轉輪聖王。』是為金輪寶成就。

「其王久治世已，時金輪寶即於虛空忽離本處，其典輪者速往白王：『大王！當知今者輪寶離於本處。』時王聞已即自念言：『我曾於先宿耆舊所聞，若轉輪聖王輪寶移者，王壽未幾。我今已受人中福樂，宜更方便受天福樂，當立太子領四天下，別封一邑與下髮師，令下鬚髮，服三法衣，出家修道。』

「時王即命太子而告之曰：『卿為知不？吾曾從先宿耆舊所聞：若轉輪聖王金輪寶離本處者，王壽未幾。吾今已受人中福樂，當設方便遷受天樂。今欲剃除鬚髮，服三法衣，出家修道，以四天下委付於汝，宜自勉力，存恤民物。』爾時太子受王教已，王即剃除鬚髮，服三法衣，出家修道。時王出家過七日已，其金輪寶忽然不現，典金輪者往白王言：『大王！當知今者輪寶忽然不現。』時王聞已不以為憂，亦復不往問父王意。時彼父王忽然命終。

「自此以前，六轉輪王皆展轉相承，以正法治。唯此一王自用治國不承舊法，其政不平天下怨訴，國土損減人民凋落。時有一婆羅門大臣往白王言：『大王！當知今者國土損減，人民凋落，轉不如常。王今國內多有知識，聰慧博達明於古今，備知先王治政之法，何不命集問其所知？彼自當答。』時王即召群臣，問其先王治政之道。時諸智臣具以事答，王聞其言，即行舊政以法護世，而*猶不能拯濟孤老，施及下窮。

「時國人民轉至貧困，遂相侵奪，盜賊滋甚，伺察所得，將詣王所白言：『此人為賊，願王治之！』王即問言：『汝實為賊耶？』答曰：『實爾。我貧窮飢餓，不能自存，故為賊耳。』時王即出庫物以供給之，而告之曰：『汝以此物供養父母，并恤親族，自今已後勿復為賊。』餘人*傳聞有作賊者，王給財寶，於是復行劫盜他物，復為伺察所得，將詣王所白言：『此人為賊，願王治之！』王復問言：『汝實為賊耶？』答曰：『實爾。我貧窮飢餓，不能自存，故為賊耳。』時王復出庫財以供給之，復告之曰：『汝以此物供養父母，并恤親族，自今已後勿復為賊。』

「復有人聞有作賊者，王給財寶，於是復行劫盜他物，復為伺察所得，將詣王所白言：『此人為賊，願王治之！』王復問言：『汝實為賊耶？』答曰：『實爾。我貧窮飢餓，不能自存，故為賊耳。』時王念言：『先為賊者，吾見貧窮給其財寶，謂當止息，而餘人聞轉更相効，盜賊日滋如是無已，我今寧可杻械其人，令於街巷，然後載之出城，刑於曠野，以誡後人耶？』

「時王即勅左右，使收繫之，*擊鼓唱令遍諸街巷。訖已載之出城，刑於曠野。國人盡知彼為賊者，王所收繫，令於街巷，刑之曠野。時人展轉自相謂言：『我等設為賊者，亦當如是，與彼無異。』於是國人為自防護，遂造兵杖、刀劍、弓矢，迭相殘害攻劫掠奪。自此王來始有貧窮，有貧窮已始有劫盜，有劫盜已始有兵杖，有兵杖已始有殺害，有殺害已則顏色憔悴，壽命短促。時人正壽四萬歲，其後轉少，壽二萬歲，然其衆生有壽、有夭、有苦、有樂。彼有苦者，便生邪婬、貪取之心，多設方便圖謀他物。是時衆生貧窮劫盜，兵杖殺害轉*更滋甚，人命轉減，壽一萬歲。

「一萬歲時，衆生復相劫盜，為伺察所得，將詣王所白言：『此人為賊，願王治之！』王問言：『汝實作賊耶？』答曰：『我不作。』便於衆中故作妄語。時彼衆生以貧窮故便行劫盜，以劫盜故便有刀兵，以刀兵故便有殺害，以殺害故便有貪取、邪婬，以貪取、邪婬故便有妄語，有妄語故其壽轉減，至于千歲。千歲之時，便有口三惡行始出于世：一者、兩舌，二者、惡口，三者、綺語。此三惡業展轉熾盛，人壽稍減至五百歲。五百歲時，衆生復有三惡行起：一者、非法婬，二者、非法貪，三者、邪見。此三惡業展轉熾盛，人壽稍減，三百、二百，我今時人乃至百歲，少出多減。

「如是展轉為惡不已，其壽稍減當至十歲。十歲時人，女生五月便行嫁，是時世間酥油、石蜜、黑石蜜，諸甘美味不復聞名，粳粮、禾稻變成草莠。繒絹、錦綾、劫貝、白氎，今世名服時悉不現，織𪎭毛縷以為上衣。是時此地多生荊棘，蚊虻、蠅虱、蛇蚖、蜂蛆，毒蟲衆多。金、銀、瑠璃、珠璣、名寶盡沒於地，*唯有瓦石砂礫出於地上。

「當於爾時，衆生之類永不復聞十善之名，但有十惡充滿世間。

是時乃無善法之名，其人何由得修善行？是時眾生能為極惡，不孝父母，不敬師長，不忠不義，*反逆無道者便得尊敬。如今能修善行，孝養父母，敬順師長，忠信懷義，順道修行者便得尊敬。爾時眾生多修十惡，多墮惡道，眾生相見常欲相殺，猶如獵師見於群鹿。時此土地多有溝坑，溪澗深谷，土曠人希行來恐懼。爾時當有刀兵劫起，手執草木皆成戈鉾，於七日中展轉相害。

「時有智者遠逃叢林，依倚坑坎，於七日中懷怖畏心，發慈善言：『汝不害我，我不害汝，食草木子以存性命。』過七日已，從山林出。時有存者得共相見，歡喜慶賀言：『汝不死耶？汝不死耶？』猶如父母唯有一子，久別相見歡喜無量。彼人如是各懷歡喜，迭相慶賀，然後推問其家，其家親屬死亡者衆，復於七日中悲泣號咷，啼哭相向。過七日已，復於七日中共相慶賀，娛樂歡喜，尋自念言：『吾等積惡彌廣，故遭此難，親族死亡家屬覆沒，今者宜當少共修善。宜修何善？當不殺生。』

「爾時衆生盡懷慈心，不相殘害，於是衆生色壽轉增，其十歲者壽二十歲。二十時人復作是念：『我等由少修善行，不相殘害故，壽命延長至二十歲，今者寧可更增少善。當修何善？已不殺生，當不竊盜。』已修不盜，則壽命延長至四十歲。四十時人復作是念：『我等由少修善，壽命延長，今者寧可更增少善。何善可修？當不邪婬。』於是其人盡不邪婬，壽命延長至八十歲。

「八十歲人復作是念：『我等由少修善，壽命延長，今者寧可更增少善。何善*可修？當不妄語。』於是其人盡不妄語，壽命延長至百六十。百六十時人復作是念：『我等由少修善，壽命延長，我今寧可更增*少善，何善可修？當不兩舌。』於是其人盡不兩舌，壽命延長至三百二十歲。三百二十歲時人復作是念：『我等由少修善故，壽命延長，今者寧可更增少善。何善可修？當不惡口。』於是其人盡不惡口，壽命延長至六百四十。

「六百四十時人復作是念：『我等由修善故，壽命延長，今者寧可更增少善。何善可修？當不綺語。』於是其人盡不綺語，壽命延長至二千歲。二千歲時人復作是念：『我等由修善故，壽命延長，今者寧可更增少善。何善可修？當不慳貪。』於是其人盡不慳貪而行布施，壽命延長至五千歲。五千歲時人復作是念：『我等由修善故，壽命延長，今者寧可更增少善。何善可修？當不嫉妬，慈心修善。』於是其人盡不嫉妬，慈心修善，壽命延長至於萬歲。

「萬歲時人復作是念：『我等由修善故，壽命延長，今者寧可更增少善。何善可修？當行正見，不生顛倒。』於是其人盡行正見，不起顛倒，壽命延長至二萬歲。二萬歲時人復作是念：『我等由修善故，壽命延長，今者寧可更增少善。何善可修？當滅三不善法：一者、非法婬，二者、非法貪，三者、邪見。』於是其人盡滅三不善法，壽命延長至四萬歲。四萬歲時人復作是念：『我等由修善故，壽命延長今者寧可更增少善。何善可修？當孝養父母，敬事師長。』於是其人即孝養父母，敬事師長，壽命延長至八萬歲。

「八萬歲時人，女年五百歲始出行嫁。時人當有九種病：一者、寒，二者、熱，三者、飢，四者、渴，五者、大便，六者、小便，七者、欲，八者、饕餮，九者、老。時此大地坦然平整，無有溝坑、丘墟、荊棘，亦無蚊虻、蛇蚖、毒蟲，瓦石、沙礫變成瑠璃，人民熾盛，五穀平賤，豐樂無極。是時當起八萬大城，村城隣比，雞鳴相聞。

「當於爾時，有佛出世，名為彌勒如來、至真、等正覺，十號具足，如今如來十號具足。彼於諸天、釋、梵、魔、若魔天、諸沙門、婆羅門、諸天、世人中自身作證，亦如我今於諸天、釋、梵、魔、若魔天、沙門、婆羅門、諸天、世人中自身作證。彼當說法，初言亦善，中下亦善，義味具足，淨修梵行。如我今日說法，上中下言，皆悉真正，義味具足，梵行清淨。彼衆弟子有無數千萬，如我今日弟子數百。彼時人民稱其弟子號曰慈子，如我弟子號曰釋子。

「彼時有王名曰儴伽，剎利水澆頭種轉輪聖王，典四天下，以正法治，莫不靡伏，七寶具足：一、金輪寶，二、白象寶，三、紺馬寶，四、神珠寶，五、玉女寶，六、居士寶，七、主兵寶。王有千子，勇猛雄烈，能却外敵，四方敬順，不加兵杖，自然太平。爾時聖王建大寶幢，圍十六尋，上高千尋，千種雜色嚴飾其幢。幢有百觚，觚有百枝，寶縷織成，衆寶間厠。於是聖王壞此幢已，以施沙門、婆羅門、國中貧者，然後剃除鬚髮，服三法衣，出家修道，修無上行，於現法中自身作證：生死已盡，梵行已立，所作已辦，不受後有。」

佛告諸比丘：「汝等當勤修善行，以修善行，則壽命延長，顏色增益，安隱快樂，財寶豐饒，威力具足。猶如諸王順行轉輪聖王舊法，則壽命延長，顏色增益，安隱快樂，財寶豐饒，威力具足。比丘亦如是，當修善法，壽命延長，顏色增益，安隱快樂，財寶豐饒，威力具足。

「云何比丘壽命延長？如是比丘修習欲定，精勤不懈，滅行成就，以修神足；修精進定、意定、思惟定，精勤不懈，滅行成就，以修神足，是為壽命延長。

「何謂比丘顏色增益？於是比丘戒律具足，成就威儀，見有小罪，生大怖畏。等學諸戒，周滿備悉，是為比丘顏色增益。

「何謂比丘安隱快樂？於是比丘斷除婬欲，去不善法，有覺、有觀，離生喜、樂，行第一禪。除滅覺、觀，內信歡悅，*歛心專一，無覺、無觀，定生喜、樂，行第二禪。捨喜守護，專心不亂，自知身樂，賢聖所求，護念、樂，行第三禪。捨滅苦樂，先除憂喜，不苦不樂，護念清淨，行第四禪，是為比丘安隱快樂。

「何謂比丘財寶豐饒？於是比丘修習慈心，遍滿一方，餘方亦爾，周遍廣普，無二無量，除衆結恨，心無嫉惡，靜默慈柔，以自娛樂，悲、喜、捨心亦復如是，*是為☆比丘財寶豐饒。

「何謂比丘威力具足？於是比丘如實知苦聖諦，習、盡、道諦亦如實知，是為比丘威力具足。」

佛告比丘：「我今遍觀諸有力者無過魔力，然漏盡比丘力能勝彼。」

爾時諸比丘聞佛所說，歡喜奉行。

佛說長阿含經卷第六

佛說長阿含經卷第七

後秦弘始年佛陀耶舍共竺佛念譯

（七）第二分弊宿經卷第三

爾時童女迦葉與五百比丘遊行拘薩羅國，漸詣斯波醯婆羅門村，時童女迦葉在斯波醯村北尸舍婆林止。時有婆羅門名曰弊宿，止斯波醯村。此村豐樂，民人衆多，樹木繁茂，波斯匿王別封此村與婆羅門弊宿，以為梵分。弊宿婆羅門常懷異見，為人說言：「無有他世，亦無更生，無善惡報。」

時斯波醯村人聞童女迦葉與五百比丘，從拘薩羅國漸至此尸舍婆林，自相謂言：「此童女迦葉有大名聞，已得羅漢，耆舊長宿，多聞廣博聰明叡智，辯才應機善於談論，今得見者不亦善哉！」

時彼村人日日次第往詣迦葉。爾時弊宿在高樓上，見其村人隊隊相隨，不知所趣，即問左右持蓋者言：「彼人何故群隊相隨？」

侍者答曰：「我聞童女迦葉將五百比丘遊拘薩羅國，至尸舍婆林，又聞其人有大名稱，已得羅漢，耆舊長宿，多聞廣博聰明叡智，辯才應機善於談論，彼諸人等群隊相隨，欲詣迦葉共相見耳。」

時弊宿婆羅門即勅侍者：「汝速往語諸人：『且住！當共俱行，

往與相見。』所以者何？彼人愚惑欺誑世間，說有他世，言有更生，言有善惡報。而實無他世，亦無更生，無善惡報。」

時使者受教已，即往語彼斯婆醯村人言：「婆羅門語：『汝等且住！當共俱詣，往與相見。』」

村人答曰：「善哉！善哉！若能來者，當共俱行。」

使還尋白：「彼人已住，可行者行。」

時婆羅門即下高樓，勅侍者嚴駕，與彼村人前後圍遶，詣尸舍婆林。到已下車，步進詣迦葉所，問訊訖一面坐。其彼村人婆羅門、居士，有禮拜迦葉然後坐者，有問訊已而坐者，有自稱名已而坐者，有叉手已而坐者，有默而坐者。時弊宿婆羅門語童女迦葉言：「今我欲有所問，寧有閑暇見聽許不？」

迦葉報曰：「隨汝所問，聞已當知。」

婆羅門言：「今我論者，無有他世，亦無更生，無罪福報，汝論云何？」

迦葉答曰：「我今問汝，隨汝意答。今上日月，為此世耶？為他世耶？為人、為天耶？」

婆羅門答曰：「日月是他世，非此世也。是天，非人。」

迦葉答曰：「以此可知，必有他世，亦有更生，有善惡報。」

婆羅門言：「汝雖云有他世，有更生及善惡報，如我意者，皆悉無有。」

迦葉問曰：「頗有因緣，可知無有他世，無有更生，無善惡報耶？」

婆羅門答曰：「有緣。」

迦葉問曰：「以何因緣，言無他世？」

婆羅門言：「迦葉！我有親族知識，遇患困病，我往問言：『諸沙門、婆羅門各懷異見，言諸有殺生、盜竊、邪婬、兩舌、惡口、妄言、綺語、貪取、嫉妬、邪見者，身壞命終皆入地獄。我初不信，所以然者，初未曾見死已來還，說所墮處。若有人來說所墮處，我必信受。汝今是我所親，十惡亦備，若如沙門語者，汝死必入大地獄中，今我相信，從汝取定。若審有地獄者，汝當還來，語我使知，然後當信。』迦葉！彼命終已至今不來，彼是我親不應欺我，許而不來必無後世。」

迦葉報曰：「諸有智者，以譬喻得解，今當為汝引喻解之。譬如盜賊，常懷姦詐犯王禁法，伺察所得將詣王所，白言：『此人為賊，願王治之！』王即勅左右收繫其人，遍令街巷，然後載之，出城付刑人者。時左右人即將彼賊，付刑人者。彼賊以柔輭言，語守衛者：『汝可放我見諸親里，言語辭別然後當還。』云何，婆羅門！彼守衛者寧肯放不？」

婆羅門答曰：「不可。」

迦葉又言：「彼同人類，俱存現世，而猶不放；況汝所親十惡備足，身死命終必入地獄。獄鬼無慈，又非其類，死生異世，彼若以輭言求於獄鬼：『汝暫放我，還到世間，見親族言語辭別，然後當還。』寧得放不？」

婆羅門答曰：「不可。」

迦葉又言：「以此相方，自足可知。何為守迷，自生邪見耶？」

婆羅門言：「汝雖引喻，謂有他世，我猶言無。」

迦葉復言：「汝頗更有餘緣，可知無他世耶？」

婆羅門報言：「我更有餘緣，知無他世。」

迦葉問曰：「以何緣知？」

答曰：「迦葉！我有親族，遇患篤重，我往語言：『諸沙門、婆羅門各懷異見，說有他世，言不殺、不盜、不婬、不欺，不兩舌、惡口、妄言、綺語、貪取、嫉妬、邪見者，身壞命終皆生天上。我初不信，所以然者，初未曾見死已來還，說所墮處。若有人來說所墮生，我必信耳。今汝是我所親，十善亦備，若如沙門語者，汝今命終必生天上，今我相信，從汝取定。若審有天報者，汝當必來語我使知，然後當信。』迦葉！彼命終已至今不來，彼是我親不應欺我，許而不來，必無他世。」

迦葉又言：「諸有智者，以譬喻得解，我今當復為汝說喻。譬如有人墮於深廁，身首沒溺。王勑左右挽此人出，以竹為篦三刮其身，澡豆淨灰，次如洗之，後以香湯沐浴其體，細末眾香坌其身上，勑除髮師淨其鬚髮。又勑左右重將洗沐，如是至三。洗以香湯，坌以香末，名衣上服莊嚴其身，百味甘饍以恣其口，將詣高堂五欲娛樂。其人復能還入厠不？」

答曰：「不能。彼處臭惡，何可還入？」

迦葉言：「諸天亦爾。此閻浮利地，臭穢不淨。諸天在上，去此百由旬，遙聞人臭，甚於厠溷。婆羅門！汝親族知識，十善具足然必生天，五欲自娛快樂無極，寧當復肯還來，入此閻浮厠不？」

答曰：「不也。」

迦葉又言：「以此相方，自具可知。何為守迷，自生邪見？」

婆羅門言：「汝雖引喻，言有他世，我猶言無。」

迦葉復言：「汝頗更有餘緣，可知無他世耶？」

婆羅門報言：「我更有餘緣，知無他世。」

迦葉問曰：「以何緣知？」

答曰：「迦葉！我有親族，遇患篤重，我往語言：『沙門、婆羅門各懷異見，說有後世，言不殺、不盜、不婬、不欺、不飲酒者，身*壞命終，皆生忉利天上。我亦不信，所以然者，初未曾見死已來還，說所墮處。若有人來說所墮生，我必信耳。今汝是我所親，五戒具足，身壞命終，必生忉利天上，*今我相信，從汝取定。若審有天福者，汝當還來，語我使知，然後當信。』迦葉！彼命終已至今不來，彼是我親不應有欺許而不來必無他世。」

迦葉答言：「此間百歲，正當忉利天上一日一夜耳。如是亦三十日為一月，十二月為一歲，如是彼天壽千歲。云何，婆羅門！汝親族五戒具足，身壞命終，必生忉利天上，彼生天已作是念言：我初生此，當二三日中娛樂遊戲，然後來下報汝言者，寧得見不？」

答曰：「不也。我死久矣，何由相見？」

婆羅門言：「我不信也。誰來告汝有忉利天，壽命如是？」

迦葉言：「諸有智者，以譬喻得解，我今更當為汝引喻。譬如有人從生而盲，不識五色，青、黃、赤、白，麤、細、長、短，亦不見日月、星象、丘陵、溝壑。有人問言：『青、黃、赤、白五色云何？』盲人答曰：『無有五色。』如是麤細、長短、日月、星象、山陵、溝壑，皆言無有。云何，婆羅門！彼盲人言是正答不？」

答曰：「不也。所以者何？世間現有五色，青、黃、赤、白，麤、細、長、短，日月、星象、山陵、溝壑，而彼言無。」

「婆羅門！汝亦如是。忉利天壽實有不虛，汝自不見便言其無。」

婆羅門言：「汝雖言有，我猶不信。」

迦葉又言：「汝復作何緣，而知其無？」

答曰：「迦葉！我所封村人有作賊者，伺察所得，將詣我所，語我言：『此人為賊，唯願治之！』我答言：『收縛此人著大釜中，*圍蓋厚泥使其牢密勿令有泄，遣人圍遶以火煮之。』我時欲觀知其精神所出之處，將諸侍從遶釜而觀，都不見其神去來處，又發釜看，亦不見神有往來之處。以此緣故，知無他世。」

迦葉又言：「我今問汝，若能答者隨意報之。婆羅門！汝在高樓*寢息☆臥時，頗曾夢見山林、江河、園觀、浴池、國邑、街巷不？」

答曰：「夢見。」

又問：「婆羅門！汝當夢時，居家眷屬侍衛汝不？」

答曰：「侍衛。」

又問：「婆羅門！汝諸眷屬見汝識神有出入不？」

答曰：「不見。」

迦葉又言：「汝今生存，識神出入尚不可見，況於死者乎？汝不可以目前現事觀於衆生。婆羅門！有比丘初夜、後夜捐除睡眠，精勤不懈，專念道品。以三昧力修淨天眼，以天眼力觀於衆生，死此生彼，從彼生此，壽命長短，顏色好醜，隨行受報，善惡之趣，皆悉知見。汝不可以穢濁肉眼，不能徹見衆生所趣，便言無也。婆羅門！以此可知，必有他世。」

婆羅門言：「汝雖引喻說有他世，*如我所見，猶無有也。」

迦葉又言：「汝頗更有因緣，知無他世耶？」

婆羅門言：「有。」

迦葉言：「以何緣知？」

婆羅門言：「我所封村人有作賊者，伺察所得將詣我所，語我言：『此人為賊，唯願治之！』我勅左右收縛此人，生剝其皮，求其識神，而都不見。又勅左右臠割其肉，以求識神，又復不見。又勅左右截其筋、脉、骨間求神，又復不見。又勅左右打骨出髓，髓中求神，又復不見。迦葉！我以此緣，知無他世。」

迦葉復言：「諸有智者，以譬喻得解，我今復當為汝引喻。乃往過去久遠世時，有一國壞，荒毀未復，時有商賈五百乘車經過其土，有一梵志奉事火神，常止一林。時諸商人皆往投宿，清旦別去，時事火梵志作是念言：『向諸商人宿此林中，今者已去，儻有遺漏可試往看。』尋詣彼所，都無所見，唯有一小兒始年一歲，獨在彼坐，梵志復念：『我今何忍見此小兒於我前死？今者寧可將此小兒至吾所止，養活之耶？』即抱小兒往所住處而養育之。其兒轉大，至十餘歲。

「時此梵志以少因緣欲遊人間，語小兒曰：『我有少緣欲暫出行，汝善守護此火，慎勿使滅。若火滅者，當以鑽鑽木，取火燃之。』具誡勅已，出林遊行。梵志去後，小兒貪戲，不數視火，火遂便滅。小兒戲還，見火已滅，懊惱而言：『我所為非，我父去時具約勅我：守護此火，慎勿令滅！而我貪戲致使火滅，當如之何？』彼時小兒吹灰求火，不能得已，便以斧劈薪求火，復不能得。又復斬薪置於臼中，擣以求火，又不能得。

「爾時梵志於人間還，詣彼林所，問小兒曰：『吾先勅汝使守護火，火不滅耶？』小兒對曰：『我向出戲，不時護視，火今已滅。』復問小兒：『汝以何方便更求火耶？』小兒報曰：『火出於木，我以斧破木求火，不得火。復斬之令碎置於臼中，杵擣求火，復不能得。

』時彼梵志以鑽鑽木出火，積薪而燃，告小兒曰：『夫欲求火，法應如此，不應破析杵碎而求。』

「婆羅門！汝亦如是無有方便，*剫剝死人而求識神，汝不可以目前現事觀於衆生。婆羅門！有比丘初夜、後夜捐除睡眠，精勤不懈，專念道品。以三昧力修淨天眼，以天眼力觀於衆生，死此生彼，從彼生此，壽命長短，顏色好醜，隨行受報，善惡之趣，皆悉知見。汝不可以穢濁肉眼，不能徹見衆生所趣，便言無也。婆羅門！以此可知，必有他世。」

婆羅門言：「汝雖引喻說有他世，如我所見，猶無有也。」

迦葉復言：「汝頗更有因緣，知無他世耶？」

婆羅門言：「有。」

迦葉言：「以何緣知？」

婆羅門言：「我所封村人有作賊者，伺察所得將詣我所，語我言：『此人為賊，唯願治之！』我勅左右：『將此人以稱稱之。』侍者受命，即以稱稱。又告侍者：『汝將此人安徐殺之，勿損皮肉。』即受我教，殺之無損。我復勅左右：『更重稱之。』乃重於本。迦葉！生稱彼人，識神猶在，顏色悅豫，猶能言語，其身乃輕。死已重稱，識神已滅，無有顏色，不能語言，其身更重。我以此緣，知無他世。」

迦葉語婆羅門：「吾今問汝，隨意答我。如人稱鐵，先冷稱已，然後熱稱，何有光色柔輭而輕？何無光色堅鞕而重？」

婆羅門言：「*熱鐵有色，柔輭而輕。冷鐵無色，剛強而重。」

迦葉語言：「人亦如是，生有顏色，柔輭而輕；死無顏色，剛強而重。以此可知，必有他世。」

婆羅門言：「汝雖引喻說有他世，如我所見，必無有也。」

迦葉言：「汝復有何緣，知無他世？」

婆羅門答言：「我有親族遇患篤重，時我到彼語言：『扶此病人，令右脇臥。』視瞻、屈伸、言語如常。又使左臥反覆宛轉，屈伸、視瞻、言語如常。尋即命終，吾復使人扶轉，左臥右臥反覆諦觀，不復屈伸、視瞻、言語。吾以是知，必無他世。」

迦葉復言：「諸有智者，以譬喻得解，今當為汝引喻。昔有一國不聞貝聲，時有一人善能吹貝，往到彼國入一村中，執貝三吹然後置地。時村人男女聞聲驚動，皆就往問：『此是何聲，哀和清徹乃如是耶？』彼人指貝曰：『此物聲也。』時彼村人以手觸貝曰：『汝可作聲！汝可作聲！』貝都不鳴，其主即取貝三吹置地。時村人言：『向者美聲非是貝力，有手有口，有氣吹之，然後乃鳴。』人亦如是，有壽有識，有息出入，則能屈伸、視瞻、語言。無壽無識，無出入息，則無屈伸、視瞻、語言。」

又語婆羅門：「汝今宜捨此惡邪見，勿為長夜自增苦惱。」

婆羅門言：「我不能捨，所以然者，我自生來長夜諷誦，翫習堅固，何可捨耶？」

迦葉復言：「諸有智者，以譬喻得解，我今當更為汝引喻。乃往久遠有一國土，其土邊壃，人民荒壞。彼國有二人，一智一愚，自相謂言：『我是汝親，共汝出城，採*穭求財。』即尋相隨，詣一空聚，見地有麻，即語愚者：『共取持歸。』時彼二人各取一擔，復過前村，見有麻縷，其一智者言：『麻縷成功，輕細可取。』其一人言：『我已取麻繫縛牢固，不能捨也。』其一智者即取麻縷，重擔而去。復共前進，見有麻布，其一智者言：『麻布成功，輕細可取。』彼一人言：『我*已取麻繫縛牢固，不能復捨。』其一智者即捨麻縷取布自重。復共前行，見有劫貝，其一智者言：『劫貝價貴，輕細可取。』彼一人言：『我已取麻繫縛牢固，齎來道遠不能捨也。』時一智者即捨麻布而取劫貝。

「如是前行，見劫貝縷，次見白疊，次見白銅，次見白銀，次見黃金，其一智者言：『若無金者，當取白銀。若無白銀，當取白銅，乃至麻縷。若無麻縷，當取麻耳。今者此村大有黃金，*眾寶之上，汝宜捨麻，我當捨銀，共取黃金，自重而歸。』彼一人言：『我取此麻繫縛牢固，齎來道遠不能捨也，汝欲取者自隨汝意。』其一智者捨銀取金，重擔而歸其家，親族遙見彼人大得金寶，歡喜奉迎。時得金者見親族迎，復大歡喜。其無智人負麻而歸居家，親族見之，不悅亦不起迎，其負麻者倍增憂愧。婆羅門！汝今宜捨惡習邪見，勿為長夜自增苦惱，如負麻人執意堅固，不取金寶負麻而歸，空自疲勞親族不悅，長夜貧窮自增憂苦也。」

婆羅門言：「我終不能捨此見也。所以者何？我以此見多所教授，多所饒益，四方諸王皆聞我名，亦盡知我是斷滅學者。」

迦葉復言：「諸有智者，以譬喻得解，我今當更為汝引喻。乃往久遠有一國土，其土邊壃，人民荒壞。時有商人，有千乘車經過其土，水穀、薪草不自供足，時商主念言：『我等伴多，水穀、薪草不自供足，今者寧可分為二分，其一分者於前發引。』其前發導師見有一人，身體麤大，目赤面黑泥塗其身，遙見遠來，即問：『汝從何來？』報言：『我從前村來。』又問彼言：『汝所來處，多有水穀、薪草不耶？』其人報言：『我所來處，豐有水穀，薪草無乏。我於中路逢天暴雨，其處多水，亦豐薪草。』又語商主：『汝曹車上若有穀草，盡可捐棄，彼自豐有，不須重車。』

「時彼商主語眾商言：『吾向前行見有一人，目赤面黑泥塗其身，我遙問言：「汝從何來？」即答我言：「我從前村來。」我尋復問：「汝所來處，豐有水穀、薪草不也？」答我言：「彼大豐耳。」又語我言：「向於中路，逢天暴雨，此處多水，又豐薪草。」復語我言：「君等車上若有穀草，盡可捐棄，彼自豐有，不須重車。汝等宜各棄諸穀草，輕車速進。」』即如其言，各共捐棄穀草，輕車速進。

「如是一日不見水草，二日、三日乃至七日，又復不見。時商人窮於曠澤，為鬼所食。其後一部次復進路，商主時前復見一人，目赤面黑泥塗其身，遙見問言：『汝從何來？』彼人答言：『從前村來。』又問：『汝所來處，豐有水穀、薪草不耶？』彼人答曰：『大豐有耳。』又語商主：『吾於中路，逢天暴雨，其處多水，亦豐薪草。』又語商主：『君等車上若有穀草，便可捐棄，彼自豐有，不須重車。』

「時商主還語諸商人言：『吾向前行，見有一人，道如此事：君等車上若有穀草，可盡捐棄，彼自豐有，不須重車。』時商主言：『汝等穀草慎勿捐棄，須得新者然後當棄。所以者何？新陳相接，然後當得度此曠野。』時彼商人重車而行，如是一日不見水草，二日、三日至于七日，又亦不見。但見前人為鬼所食，骸骨狼藉。

「婆羅門！彼赤眼黑面者，是羅剎鬼也。諸有隨汝教者，長夜受苦亦當如彼。前部商人無智慧故，隨導師語自沒其身。婆羅門！諸有沙門、婆羅門精進智慧，有所言說，承用其教者，則長夜獲安，如彼後部商人有智慧故，得免危難。婆羅門！汝今寧可捨此惡見，勿為長夜自增苦惱。」

婆羅門言：「我終不能捨所見也，設有人來強諫我者，生我忿耳，終不捨見。」

迦葉又言：「諸有智者，以譬喻得解，我今當復為汝引喻。乃昔久遠有一國土，其土邊壃，人民荒壞。時有一人好喜養猪，詣他空村見有乾糞，尋自念言：『此處饒糞，我猪豚飢，今當取草裹此乾糞，頭戴而歸。』即尋取草裹糞而戴，於其中路逢天大雨，糞汁流下至于足跟，衆人見已皆言：『狂人！糞*塗臭處，正使天晴尚不應戴，況於雨中戴之而行？』其人方怒，逆罵詈言：『汝等自癡，不知我家猪豚飢餓，汝若知者不言我癡。』婆羅門！汝今寧可捨此惡見，勿守迷惑長夜受苦。如彼癡子戴糞而行，衆人訶諫，逆更瞋罵，謂他不知。」

婆羅門語迦葉言：「汝等若謂行善生天，死勝生者，汝等則當以刀自刎，飲毒而死，或五縛其身自投高岸，而今貪生不能自殺者，則知死不勝生。」

迦葉復言：「諸有智者，以譬喻得解，我今當更為汝引喻。昔者此斯波醯村有一梵志，耆舊長宿，年百二十。彼有二妻，一先有子，一始有娠。時彼梵志未久命終，其大母子語小母言：『所有財寶，盡應與我，汝無分也。』時小母言：『汝為小待，須我分娠。若生男者，應有財分。若生女者，汝自嫁娶，當得財物。』彼子慇懃再三索財，小母答如初。其子又逼不已，時彼小母即以利刀自決其腹，知為男女。」

語婆羅門言：「母今自殺復害胎子，汝婆羅門亦復如是，既自殺身復欲殺人。若沙門、婆羅門，精勤修善，戒德具足，久存世者，多所饒益，天人獲安。吾今末後為汝引喻，當使汝知惡見之殃。昔者此斯波醯村有二伎人，善於弄丸，二人角伎，一人得勝。時不如者語勝者言：『今日且停，明當更共試。』其不如者即歸家中，取其戲丸塗以毒藥，*曝之使乾，明持此丸詣勝者所，語言：『更可角伎。』即前共戲，先以毒丸授彼勝者：『勝者即吞。』其不如者復授毒丸，得已隨吞，其毒轉行舉身戰動。時不如者以偈罵曰：

吾以藥塗丸，　而汝吞不覺；
小伎汝為吞，　久後自當知。

迦葉語婆羅門言：「汝今當速捨此惡見，勿為專迷自增苦毒，如彼伎人吞毒不覺。」

時婆羅門白迦葉言：「尊者初設月喻，我時已解。所以往返不時受者，欲見迦葉辯才智慧，生牢固信耳。我今信受，歸依迦葉。」

迦葉報言：「汝勿歸我，如我所歸無上尊者，汝當歸依。」

婆羅門言：「不審所歸無上尊者，今為所在？」

迦葉報言：「今我師世尊，滅度未久。」

婆羅門言：「世尊若在，不避遠近，其當親見歸依禮拜。今聞迦葉言如來滅度，今即歸依滅度如來及法、衆僧。迦葉！聽我於正法中為優婆塞，自今已後，盡壽不殺、不盜、不婬、不欺、不飲酒，我今當為一切大施。」

迦葉語言：「若汝宰殺衆生，撾打僮僕，而為會者，此非淨福。又如磽确薄地多生荊棘，於中種植必無所獲。汝若宰殺衆生，撾打僮僕，而為大會施邪見衆，此非淨福。若汝大施，不害衆生，不以杖楚加於僮僕，歡喜設會施清淨衆，則獲大福。猶如良田，隨時種植必獲果實。」

「迦葉！自今已後，常淨施衆僧，不令斷絕。」

時有一年少梵志，名曰摩頭，在弊宿後立，弊宿顧語曰：「吾⊙今欲設一切大施，汝當為我經營處分。」

時年少梵志聞弊宿語已，即為經營為大施已，而作是言：「願使弊宿今世、後世不獲福報。」

時弊宿聞彼梵志經營施已，有如是言：「願使弊宿今世、後世不獲果報。」即命梵志而告之曰：「汝*審有是言耶？」

答曰：「如是，實有是言。所以然者，今所設食麤澁弊惡，以此施僧，若以示王，王尚不能以手暫向，況當食之？現在所設，不可喜樂，何由後世得淨果報？王施僧衣純以麻布，若以示王，王尚不能以足暫向，況能自著？現在所施，不可喜樂，何由後世得淨果報？」

時婆羅門又告梵志：「自今已後，汝以我所食、我所著衣以施眾僧。」

時梵志即承教旨，以王所食、王所著衣供養眾僧。時婆羅門設此淨施，身壞命終，生一下劣天中。梵志經營會者，身壞命終，生忉利天。

爾時弊宿婆羅門、年少梵志及斯婆醯婆羅門、居士等，聞童女迦葉所說，歡喜奉行。

佛說長阿含經卷第七

佛說長阿含經卷第八

後秦弘始年佛陀耶舍共竺佛念譯

（八）第二分散陀那經第四

如是我聞：一時，佛在羅閱祇毗訶羅山七葉樹窟，與大比丘衆千二百五十人俱。

時王舍城有一居士，名散陀那，好行遊觀日日出城，至世尊所。時彼居士仰觀日時，默自念言：「今往覲佛，非是時也。今者世尊必在靜室三昧思惟，諸比丘眾亦當禪靜，我今寧可往詣烏暫婆利梵志女林中，須日時到當詣世尊，禮敬問訊，并詣諸比丘所，致敬問訊。」

時梵志女林中有一梵志，名尼俱陀，與五百梵志子俱止彼林。時諸梵志眾聚一處高聲大論，俱說遮道濁亂之言，以此終日。或論國事，或論戰鬪兵*仗之事，或論國家義和之事，或論大臣及庶民事，或論車馬遊園林事，或論坐席、衣服、飲食、婦女之事，或論山海龜鼈之事，但說如是遮道之論，以此終日。

時彼梵志遙見散陀那居士來，即勅其眾令皆靜默：「所以然者，彼沙門瞿曇弟子今從外來，沙門瞿曇白衣弟子中，此為最上，彼必來此，汝宜靜默。」時諸梵志各自默然。

散陀那居士至梵志所，問訊已一面坐，語梵志曰：「我師世尊常樂閑靜，不好憒鬧，不如汝等與諸弟子處在人中，高聲大論，但說遮道無益之言。」

梵志又語居士言：「沙門瞿曇頗曾與人共言論不？眾人何由得知沙門有大智慧？汝師常好獨處邊地，猶如瞎牛食草，偏*逐所見。汝師瞿曇亦復如是，偏好獨見，樂無人處。汝師若來，吾等當稱以為瞎牛。彼常自言有大智慧，我以一言窮彼能使默然，如龜藏六謂可無患，以一箭射使無逃處。」

爾時世尊在閑靜室，以天耳聞梵志居士有如是論，即出七葉樹窟，詣烏暫婆利梵志女林。時彼梵志遙見佛來，勅諸弟子：「汝等皆默，瞿曇沙門欲來至此，汝等慎勿起迎恭敬禮拜，亦勿請坐，取一別座與之令坐。彼既坐已，卿等當問：沙門瞿曇！汝從本來，以何法教訓於弟子，得安隱*處，淨修梵行？」

爾時世尊漸至彼園，時彼梵志不覺自起，漸迎世尊而作是言：「善來，瞿曇！善來，沙門！久不相見，今以何緣而來至此？可前小坐。」

爾時世尊即就其座，*熙怡而笑，默自念言：「此諸愚人不能自專，先立要令，竟不能全。所以然者，是佛神力令彼惡心自然敗壞。」

時散陀那居士禮世尊足，於一面坐。尼俱陀梵志問訊佛已，亦一面坐，而白佛言：「沙門瞿曇！從本以來，以何法教訓誨弟子，得安隱*處，淨修梵行？」

世尊告曰：「且止！梵志！吾法深廣，從本以來，誨諸弟子，得安隱處，淨修梵行，非汝所及。」

又告梵志：「正使汝師及汝弟子所行道法，有淨不淨，我盡能說。」

時五百梵志弟子各各舉聲，自相謂言：「汝瞿曇沙門有大威勢，有大神力，他問己義，乃開他義。」

時尼俱陀梵志白佛言：「善哉！瞿曇！願分別之。」

佛告梵志：「諦聽！諦聽！當為汝說。」

梵志答言：「願樂欲聞。」

佛告梵志：「汝所行者皆為卑陋，離服裸形，以手障蔽，不受瓨食，不受盂食，不受兩壁中間食，不受二人中間食，不受兩刀中間食，不受兩盂中間食，不受共食家食，不受懷姙家食，見狗在門則不受其食，不受多蠅家食，不受請食，他言先識則不受其食。不食魚，不食肉，不飲酒，不兩器食。一餐一咽，至七餐止。受人益食，不過七益。或一日一食，或二日、三日、四日、五日、六日、七日一食。或復食*菜，或復食莠，或食飯汁，或食*糜米，或食穈稻，或食牛糞，或食鹿糞，或食樹根、枝葉、果實，或食自落果。

「或被衣，或披莎衣，或衣樹皮，或草襜身，或衣鹿皮，或留頭髮，或被毛編，或著塚間衣。或有常舉手者，或不坐牀席，或有常蹲者，或有剃髮留髦鬚者。或有臥荊棘者，或有臥果蓏上者，或有裸形臥牛糞上者。或一日三浴，或有一夜三浴。以無數衆苦，苦役此身。

云何，尼俱陀！如此行者，可名淨法不？」

梵志答曰：「此法淨，非不淨也。」

佛告梵志：「汝謂為淨，吾當於汝淨法中說有垢穢。」

梵志曰：「善哉！瞿曇！便可說之，願樂欲聞！」

佛告梵志：「彼苦行者，常自計念：我行如此，當得供養⊙恭敬禮事，是卽垢穢。彼苦行者得供養已，樂著堅固愛染不捨，不曉遠離，不知出要，是為垢穢。彼苦行者，遙見人來盡共坐禪，若無人時隨意坐臥，是為垢穢。

「彼苦行者，聞他正義不肯印可，是為垢穢。彼苦行者，他有正問恡而不答，是為垢穢。彼苦行者，設見有人供養沙門、婆羅門，則訶止之，是為垢穢。彼苦行者，若見沙門、婆羅門食更生物，就呵責之，是為垢穢。彼苦行者，有不淨食不肯施人，若有淨食貪著自食，不見己過，不知出要，是為垢穢。彼苦行者，自稱己善毀訾他人，是為垢穢。彼苦行者，為殺、盜、淫、兩舌、惡口、妄言、綺語、貪取、嫉妬、邪見、顛倒，是為垢穢。

「彼苦行者，懈墮憙忘不習禪定，無有智慧猶如禽獸，是為垢穢。彼苦行者，*貢高、憍慢、增上慢，是為垢穢。彼苦行者，無有信義，亦無反復，不持淨戒，不能精勤受人訓誨，常與惡人以為伴黨，為惡不已，是為垢穢。彼苦行者，多懷瞋恨，好為巧偽，自怙己見，求人長短，恒懷邪見，與邊見俱，是為垢穢。云何，尼俱陀！如此行者可言淨不*耶？」

答曰：「是不淨，非是淨也。」

佛言：「今當於汝垢穢法中，更說清淨無垢穢法。」

梵志言：「唯願說之！」

佛言：「彼苦行者，不自計念：我行如是，當得供養恭敬禮事，是為苦行無垢法也。彼苦行者，得供養已心不貪著，曉了遠離知出要法，是為苦行無垢法也。彼苦行者，禪有常法，有人、無人不以為異，是為苦行無垢法也。彼苦行者，聞他正義歡喜印可，是為苦行無垢法也。彼苦行者，他有正問歡喜解說，是為苦行離垢法也。

「彼苦行者，設見有人供養沙門、婆羅門，代其歡喜而不呵止，是為苦行離垢法也。彼苦行者，若見沙門、婆羅門食更生之物，不呵責之，是為苦行離垢法也。彼苦行者，有不淨食心不慳惜，若有淨食則不染著，能見己過，知出要法，是為苦行離垢法也。彼苦行者，不自稱譽不毀他人，是為苦行離垢法也。彼苦行者，不殺、盜、淫、兩舌、惡口、妄言、綺語、貪取、嫉妬、邪見，是為苦行離垢法也。

「彼苦行者，精勤不忘好習禪行，多修智慧不愚如獸，是為苦行離垢法也。彼苦行者，不為*貢高☆、憍慢、自大，是為苦行離垢法也。彼苦行者，常懷信義，修反復行，能持淨戒，勤受訓誨，常與善人而為伴黨，積善不已，是為苦行離垢法也。彼苦行者，不懷瞋恨，不為巧偽，不恃己見，不求人短，不懷邪見，亦無邊見，是為苦行離垢法也。云何，梵志！如是苦行，為是清淨離垢法耶？」

答曰：「如是，實是清淨離垢法也。」

梵志白佛言：「齊[①]此苦行，名為第一堅固行耶？」

佛言：「未也，始是皮耳。」

梵志言：「願說樹節！」

佛告梵志：「汝當善聽！吾今當說。」

梵志言：「唯然，願樂欲聞！」

「梵志！彼苦行者，自不殺生，不教人殺；自不偷盜，不教人盜；自不邪淫，不教人淫；自不妄語，亦不教人為。彼以慈心遍滿一方，餘方亦爾。慈心廣大，無二無量，無有結恨，遍滿世間。悲、喜、捨心，亦復如是。齊此苦行，名為樹節。」

梵志白佛言：「願說苦行堅固之義！」

佛告梵志：「諦聽！諦聽！吾當說之。」

梵志曰：「唯然，世尊！願樂欲聞！」

佛言：「彼苦行者，自不殺生，教人不殺；自不偷盜，教人不盜；自不邪淫，教人不淫；自不妄語，教人不妄語。彼以慈心遍滿一方，餘方亦爾。慈心廣大，無二無量，無有結恨，遍滿世間。悲、喜、捨心，亦復如是。彼苦行者，自識往昔無數劫事，一生、二生至無數生，國土成敗劫數終始，盡見盡知。又自見知我曾生彼種姓，如是名字，如是飲食，如是壽命，如是所受苦樂，從彼生此，從此生彼。如是盡憶無數劫事，是為梵志彼苦行者牢固無壞。」

梵志白佛言：「云何為第一？」

佛言：「梵志！諦聽！諦聽！吾當說之。」

梵志言：「唯然，世尊！願樂欲聞！」

佛言：「彼苦行者，自不殺生，教人不殺；自不偷盜，教人不盜；自不邪淫，教人不淫；自不妄語，教人不欺。彼以慈心遍滿一方，餘方亦爾。慈心廣大，無二無量，無有結恨，遍滿世界。悲、喜、捨心，亦復如是。彼苦行者，自識往昔無數劫事，一生、二生至無數生，國土成敗劫數終始，盡見盡知。又自知見我曾生彼種姓，如是名字、飲食、壽命，如是所經苦樂，從彼生此，從此生彼。如是盡憶無數劫事。彼天眼淨觀眾生類，死此生彼，顏色好醜、善惡所趣，隨行所墮，盡見盡知。又知眾生身行不善，口行不善，意行不善，誹謗賢聖，信邪倒見，身壞命終，墮三惡道。或有眾生身行善，口、意亦善，不謗賢聖，見正信行，身壞命終，生天、人中。行者天眼清淨觀見眾生，乃至隨行所墮無不見知，是為苦行第一勝也。」

佛告梵志：「於此法中復有勝者，我常以此法化諸聲聞，彼以此法得修梵行。」

時五百梵志弟子各大舉聲，自相謂言：「今觀世尊為最尊上，我師不及。」

時彼散陀那居士語梵志曰：「汝向自言：『瞿曇若來，吾等當稱以為瞎牛。』世尊今來，汝何不稱？又汝向言：『當以一言窮彼瞿曇，能使默然，如龜藏六調可無患，以一箭射使無逃處。』汝今何不以汝一言窮如來耶？」

佛問梵志：「汝憶先時有是言不？」

答曰：「實有。」

佛告梵志：「汝豈不從先宿梵志聞諸佛如來獨處山林，樂閑靜處，如我今日樂於閑居，不如汝法樂於憒鬧，說無益事以終日耶？」

梵志曰：「聞過去諸佛樂於閑靜，獨處山林，如今世尊，不如我法樂於憒鬧，說無益事以終日耶？」

佛告梵志：「汝豈不念：瞿曇沙門能說菩提，自能調伏，能調伏人；自得止息，能止息人；自度彼岸，能使人度；自得解脫，能解脫人；自得滅度，能滅度人？」

時彼梵志即從座起，頭面作禮，手捫佛足，自稱己名曰：「我是尼俱陀梵志！我是尼俱陀梵志！今者自歸，禮世尊足。」

佛告梵志：「止！止！且住！使汝心解，便為禮敬。」

時彼梵志重禮佛足，在一面坐。

佛告梵志：「汝將無謂佛為利養而說法耶？勿起是心！若有利養，盡以施汝。吾所說法微妙第一，為滅不善增益善法。」

又告梵志：「汝將無謂佛為名稱，為尊重故，為導首故，為眷屬故，為大眾故，而說法耶？勿起此心！今汝眷屬盡屬於汝。我所說法，為滅不善增長善法。」

又告梵志：「汝將無謂佛以汝置不善聚、黑冥聚中耶？勿生是心！諸不善聚及黑冥聚汝但捨去，吾自為汝說善淨法。」

又告梵志：「汝將無謂佛黜汝於善法聚、清白聚耶？勿起是心！汝但於善法聚、清白聚中精勤修行，吾自為汝說善淨法，滅不善行增益善法。」

爾時五百梵志弟子皆端心正意，聽佛所說。時魔波旬作此念言：「此五百梵志弟子端心正意，從佛聽法，我今寧可往壞其意。」

爾時惡魔即以己力壞亂其意。爾時世尊告散陀那曰：「此五百梵志子端心正意，從我聽法，天魔波旬壞亂其意。今吾欲還，汝可俱去。」爾時世尊以右手接散陀那居士置掌中，乘虛而歸。

時散陀那居士、⊙尼俱陀梵志及五百梵志子聞佛所說，歡喜奉行。

(九)佛說長阿含第二分眾集經第五

如是我聞：一時，佛於末羅遊行，與千二百五十比丘俱，漸至波婆城闍頭菴婆園。

爾時世尊以十五日月滿時，於露地坐，諸比丘僧前後圍繞。世尊於夜多說法已，告舍利弗言：「今者四方諸比丘集，皆共精勤捐除睡眠。吾患背痛欲暫止息，汝今可為諸比丘說法。」

對曰：「唯然，當如聖教。」

爾時世尊卽四牒僧伽梨，偃右脇如師子，累足而臥。

時舍利弗告諸比丘：「今此波婆城有尼乾子命終未久，其後弟子分為二部，常共諍訟相求長短，迭相罵詈各相是非：『我知此法，汝不知此。汝在邪見，我在正法。』言語錯亂無有前後，自稱己言以為真正：『我所言勝，汝所言負。我今能為談論之主，汝有所問，可來問我。』

「諸比丘！時國人民奉尼乾者，厭患此輩鬪訟之聲，皆由其法不真正故。法不真正無由出要，譬如*朽塔不可復*治，此非三耶三佛所說。諸比丘！唯我釋迦無上尊法，最為真正可得出要，譬如新塔易可嚴飾，此是三耶三佛之所說也。諸比丘！我等今者宜集法、律，以防諍訟，使梵行久立，多所饒益，天、人獲安。諸比丘！如來說一正法，一切衆生皆仰食存。如來所說復有一法，一切衆生皆由行*住。是為一法如來所說，當共集之，以防諍訟，使梵行久立。多*所饒益，天、人獲安。

「諸比丘！如來說二正法：一、名，二、色。

「復有二法：一、癡，二、愛。

「復有二法：有見、無見。

「復有二法：一、無慚，二、無愧。

「復有二法：一、有慚，二、有愧。

「復有二法：一、盡智，二、無生智。

「復有二法，二因二緣生於欲愛：一者、淨妙色，二者、不思惟。

「復有二法，二因二緣生於瞋恚：一者、怨憎，二者、不思惟。

「復有二法，二因二緣生於邪見：一者、從他聞，二者、邪思惟。

「復有二法，二因二緣生於正見：一者、從他聞，二者、正思惟。

「復有二法，二因二緣：一者、學解脫，二者、無學解脫。

「復有二法，二因二緣：一者、有為界，二者、無為界。

「諸比丘！是為如來所說，當共撰集以防諍訟，使梵行久立，多所饒益，天、人獲安。

「諸比丘！如來說三正法，謂三不善根：一者、貪欲，二者、瞋恚，三者、愚癡。

「復有三法，謂三善根：一者、不貪，二者、不恚，三者、不癡。

「復有三法，謂三不善行：一者、不善身行，二者、不善口行，三者、不善意行。

「復有三法，謂三不善行：身不善行、口不善行、意不善行。

「復有三法，謂三惡行：身惡行、口惡行、意惡行。

「復有三法，謂三善行：身善行、口善行、意善行。

「復有三法，謂三不善想：欲想、瞋想、害想。

「復有三法，謂三善想：無欲想、無瞋想、無害想。

「復有三法，謂三不善思：欲思、恚思、害思。

「復有三法，謂三善思：無欲思、無恚思、無害思。

「復有三法，謂三福業：施業、平等業、思惟業。
「復有三法，謂三受：樂受、苦受、不苦不樂受。
「復有三法，謂三愛：欲愛、有愛、無有愛。
「復有三法，謂三有漏：欲漏、有漏、無明漏。
「復有三法，謂三火：欲火、恚火、愚癡火。
「復有三法，謂三求：欲求、有求、梵行求。
「復有三法，謂三增盛：我增盛、世增盛、法增盛。
「復有三法，謂三界：欲界、恚界、害界。
「復有三法，謂三界：出離界、無恚界、無害界。
「復有三法，謂三界：色界、無色界、盡界。

「復有三法，謂三聚：戒聚、定聚、慧聚。

「復有三法，謂三戒：增盛戒、增盛*定、增盛慧。

「復有三法，謂三三昧：空三昧、無願三昧、無相三昧。

「復有三法，謂三相：止息相、精勤相、捨相。

「復有三法，謂三明：自識宿命智明、天眼智明、漏盡智明。

「復有三法，謂三變化：一者、神足變化，二者、知他心隨意說法，三者、教誡。

「復有三法，謂三欲生本：一者、由現欲生人天，二者、由化欲生化自在天，三者、由他化欲生他化自在天。

「復有三法，謂三樂生：一者、衆生自然成辦，生歡樂心，如梵光音天初始生時。二者、有衆生以念為樂，自唱善哉，如光音天。三者、得止息樂，如遍淨天。

「復有三法，謂三苦：行苦、苦苦、變易苦。

「復有三法，謂三根：未知欲知根、知根、知已根。

「復有三法，謂三堂：賢聖堂、天堂、梵堂。

「復有三法，謂三發：見發、聞發、疑發。

「復有三法，謂三論：過去有如此事，有如是論；未來有如此事，有如是論；現在有如此事，有如是論。

「復有三法，謂三聚：正定聚、邪定聚、不定聚。

「復有三法，謂三憂：身憂、口憂、意憂。

「復有三法，謂三長老：年耆長老、法長老、作長老。

「復有三法，謂三眼：肉眼、天眼、慧眼。

「諸比丘！是為如來所說正法，當共撰集，以防諍訟，使梵行久立，多所饒益，天、人獲安。

「諸比丘！如來說四正法，謂口四惡行：一者、妄語，二者、兩舌，三者、惡口，四者、綺語。

「復有四法，謂口四善行：一者、實語，二者、軟語，三者、不綺語，四者、不兩舌。

「復有四法，謂四不聖語：不見言見，不聞言聞，不覺言覺，不知言知。

「復有四法，謂四聖語：見則言見，聞則言聞，覺則言覺，知則言知。

「復有四法，謂四種食：摶食、觸食、念食、識食。

「復有四法，謂四受：有現作苦行後受苦報，有現作苦行後受樂報，有現作樂行後受苦報，有現作樂行後受樂報。

「復有四法，謂四受：欲受、我受、戒受、見受。

「復有四法，謂四縛：貪欲身縛、瞋恚身縛、戒盜身縛、我見身縛。

「復有四法，謂四刺：欲刺、恚刺、見刺、慢刺。

「復有四法，謂四生：卵生、胎生、濕生、化生。復有四法，謂四念處：於是比丘內身身觀，精勤不懈，憶念不忘，捨世貪憂；外身身觀，精勤不懈，憶念不忘，捨世貪憂；內外身身觀，精勤不懈，憶念不忘，捨世貪憂。受、意、法觀，亦復如是。

「復有四法，謂四意斷：於是，比丘未起惡法，方便使不起；已起惡法，方便使滅；未起善法，方便使起；已起善法，方便思惟，使其增廣。

「復有四法，謂四神足：於是比丘思惟欲定滅行成就，精進定、意定、思惟定，亦復如是。

「復有四法，謂四禪：於是比丘除欲、惡不善法，有覺、有觀，離生喜、樂，入於初禪。滅有覺、觀，內信、一心，無覺、無觀，定生喜、樂，入第二禪。離喜修捨、念、進，自知身樂，諸聖所求，憶念、捨、樂，入第三禪。離苦、樂行，先滅憂、喜，不苦不樂，捨、念清淨，入第四禪。

「復有四法，謂四梵堂：一慈、二悲、三喜、四捨。

「復有四法，謂四無色定：於是比丘越一切色想，先盡瞋恚想，不念異想，思惟無量空處，捨空處已入識處，捨識處已入不用處，捨不用處已入有想無想處。

「復有四法，謂四法足：不貪法足、不瞋法足、正念法足、正定法足。

「復有四法，謂四賢聖族：於是比丘衣服知足，得好不喜，遇惡不憂，不染不著，知所禁忌，知出要路；於此法中精勤不懈，成辦其事，無闕無減，亦能教人成辦此事，是為第一知足住賢聖族。從本至今，未常惱亂。諸天、魔、梵、沙門、婆羅門、天及世間人，無能毀罵。飯食、牀臥具、病瘦醫藥，皆悉知足，亦復如是。

「復有四法，謂四攝法：惠施、愛語、利人、等利。

「復有四法，謂四須陀洹支：比丘於佛得無壞信，於法、於僧、於戒得無壞信。

「復有四法，謂四受證：見色受證、身受滅證、念宿命證、知漏盡證。

「復有四法，謂四道：苦遲得、苦速得、樂遲得、樂速得。

「復有四法，謂四聖諦：苦聖諦、苦集聖諦、苦滅聖諦、苦出要聖諦。

「復有四法，謂四沙門果：須陀洹果、斯陀含果、阿那含果、阿羅漢果。

「復有四法，謂四處：實處、施處、智處、止息處。

「復有四法，謂四智：法智、未知智、等智、知他人心智。

「復有四法，謂四辯才：法辯、義辯、詞辯、應辯。

「復有四法，謂四識住處：色識住，緣色、住色，與愛俱增長；受、想、行識中亦如是住。

「復有四法，謂四扼：欲扼、有扼、見扼、無明扼。

「復有四法，謂四無扼：無欲扼、無有扼、無見扼、無無明扼。

「復有四法，謂四淨：戒淨、心淨、見淨、度疑淨。

「復有四法，謂四知：可受知受、可行知行、可樂知樂、可捨知捨。

「復有四法，謂四威儀：可行知行、可住知住、可坐知坐、可臥知臥。

「復有四法，謂四思惟：少思惟、廣思惟、無量思惟、無所有思惟。

「復有四法，謂四記論：決定記論、分別記論、詰問記論、止住記論。

「復有四法，謂佛四不護法：如來身行清淨，無有闕漏，可自防護；口行清淨、意行清淨、命行清淨，亦復如是。

「是為如來所說正法，當共撰集，以防諍訟，使梵行久立，多所饒益，天、人獲安。

「又，諸比丘！如來說五正法，謂五入：眼色、耳聲、鼻香、舌味、身觸。

「復有五法，謂五受陰：色受陰，受、想、行、識受陰。

「復有五法，謂五蓋：貪欲蓋、瞋恚蓋、睡眠蓋、掉戲蓋、疑蓋。

「復有五法，謂五下結：身見結、戒盜結、疑結、貪欲結、瞋恚結。

「復有五法，謂五上結：色愛、無色愛、無明、慢、掉。

「復有五法，謂五根：信根、精進根、念根、定根、慧根。

「復有五法，謂五力：信力、精進力、念力、定力、慧力。

「復有五法，謂滅盡*支：一者、比丘信佛、如來、至真、等正覺，十號*具足☆。二者、比丘無病，身常安穩。三者、質直無有諛諂，能如是者，如來則示涅槃徑路。四者、自專其心，使不錯亂，昔所諷誦，憶持不忘。五者、善於觀察法之起滅，以賢聖行，盡於苦本。

「復有五法，謂五發：非時發、虛發、非義發、虛言發、無慈發。

「復有五法，謂五善發：時發、實發、義發、和言發、慈心發。

「復有五法，謂五憎嫉：住處憎嫉、檀越憎嫉、利養憎嫉、色憎嫉、法憎嫉。

「復有五法，謂五趣解脫：一者、身不淨想，二者、食不淨想，三者、一切行無常想，四者、一切世間不可樂想，五者、死想。

「復有五法，謂五出要界：一者比丘於欲不樂、不動，亦不親近，但念出要，樂於遠離，親近不怠，其心調柔，出要離欲，彼所因欲起諸漏纏，亦盡捨滅而得解脫，是為欲出要。瞋恚出要、嫉妒出要、色出要、身見出要，亦復如是。

「復有五法，謂五喜解脫入。若比丘精勤不懈，樂閑靜處，專念一心，未解得解，未盡得盡，未安得安。何謂五？於是比丘聞如來說法，或聞梵行者說，或聞師長說法，思惟觀察，分別法義，心得歡喜。得歡喜已，得法愛；得法愛已，身心安隱；身心安隱已，則得禪定；得禪定已，得實知見，是為初解脫入。於是比丘聞法喜已，受持諷誦亦復歡喜，為他人說亦復歡喜，思惟分別亦復歡喜，於法得定，亦復如是。

「復有五法，謂五人：中般涅槃、生般涅槃、無行般涅槃、有行般涅槃、上流阿迦尼吒。

「諸比丘！是為如來所說正法，當共撰集，以防諍訟，使梵行久立，多所饒益，天、人獲安。

「又，諸比丘！如來說六正法，謂內六入：眼入、耳入、鼻入、舌入、身入、意入。

「復有六法，謂外六入：色入、聲入、香入、味入、觸入、法入。

「復有六法，謂六識身：眼識身，耳、鼻、舌、身、意識身。

「復有六法，謂六觸身：眼觸身，耳、鼻、舌、身、意觸身。

「復有六法，謂六受身：眼受身，耳、鼻、舌、身、意受身。

「復有六法，謂六想身：色想、聲想、香想、味想、觸想、法想。

「復有六法，謂六思身：色思、聲思、香思、味思、觸思、法思。

「復有六法，謂六愛身：色愛身，聲、香、味、觸、法愛身。

「復有六法，六*諍本：若比丘好瞋不捨，不敬如來，亦不敬法，亦不敬眾，於戒穿漏染汙不淨，好於眾中多生*諍訟，人所憎惡，嬈亂淨眾，天、人不安。諸比丘！汝等當自內觀，設有瞋恨如彼嬈亂者，當集和合衆，廣設方便拔此諍本。汝等又當專念自觀，若結恨已滅，當更方便遮止其心，勿復使起。諸比丘！佷戾不諦，慳悋嫉妬，巧偽虛妄，自*固己見謬受不捨，迷於邪見與邊見俱，亦復如是。

「復有六法，謂六界：地界、火界、水界、風界、空界、識界。

「復有六法，謂六察行：眼察色，耳聲、鼻香、舌味、身觸、意察法。

「復有六法，謂六出要界。若比丘作是言：『我修慈心，更生瞋恚。』餘比丘語言：『汝勿作此言，勿謗如來，如來不作是說。欲使修慈解脫，更生瞋恚想，無有是處。佛言除瞋恚已，然後得慈。』若比丘言：『我行悲解脫，生憎嫉心。行喜解脫，生憂惱心。行捨解脫，生憎愛心。行無我行，生狐疑心。行無想行，生衆亂想。』亦復如是。

「復有六法，謂六無上：見無上、聞無上、利養無上、戒無上、恭敬無上、憶念無上。

「復有六法，謂六思念：佛念、法念、僧念、戒念、施念、天念。是為如來所說正法，當共撰集，以防諍訟，使梵行久立，多所饒益，天、人獲安。

「諸比丘！如來說七正法，謂七非法：無信、無慙、無愧、少聞、懈怠、多忘、無智。

「復有七法，謂七正法：有信、有慚、有愧、多聞、精進、總持、多智。

「復有七法，謂七識住：或有衆生，若干種身，若干種想，天及人是，是初識住。或有衆生，若干種身而一想者，梵光音天最初生時是，是二識住。或有衆生，一身若干種想，光音天是，是三識住。或有衆生，一身一想，遍淨天是，是四識住。或有衆生，空處住、識處住、不用處住。

「復有七法，謂七勤法：一者、比丘勤於戒行，二者、勤滅貪欲，三者、勤破邪見，四者、勤於多聞，五者、勤於精進，六者、勤於正念，七者、勤於禪定。

「復有七法，謂七想：不淨想、食不淨想、一切世間不可樂想、*死想、無常想、無常苦想、苦無我想。

「復有七法，謂七三昧具：正見、正思、正語、正業、正命、正方便、正念。

「復有七法，謂七覺意：念覺意、法覺意、精進覺意、喜覺意、猗覺意、定覺意、護覺意。

「是為如來所說正法，當共撰集，以防諍訟，使梵行久立，多所饒益，天、人獲安。

「諸比丘！如來說八正法，謂世八法：利、衰、毀、譽、稱、譏、苦、樂。

「復有八法，謂八解脫：色觀色，一解脫。內無色想觀外色，二解脫。淨解脫，三解脫。度色想滅瞋恚想住空處解脫，四解脫。度空處住識處，五解脫。度識處住不用處，六解脫。度不用處住有想無想處，七解脫。度有想無想處住想知滅，八解脫。

「復有八法，謂八聖道：正見、正*思、正語、正業、正命、正方便、正念、正定。

「復有八法，謂八人：須陀洹向、須陀洹、斯陀含向、斯陀含、阿那含向、阿那含、阿羅漢向、阿羅漢。

「是為如來所說正法，當共撰集，以防諍訟，使梵行久立，多所饒益，天、人獲安。

「諸比丘！如來說九正法，所謂九衆生居：或有衆生，若干種身，若干種想，天及人是，是初衆生居。復有衆生，若干種身而一想者，梵光音天最初生時是，是二衆生居。復有衆生，一身若干種想，光音天是，是三衆生居。復有衆生，一身一想，遍淨天是，是四衆生居。復有衆生，無想無所覺知，無想天是，是五衆生居。復有衆生，空處住，是六衆生居。復有衆生，識處住，是七衆生居。復有衆生，不用處住，是八衆生居。復有衆生，住有想無想處，是九衆生居。是為如來所說正法，當共撰集，以防諍訟，使梵行久立，多所饒益，天、人獲安。

「諸比丘！如來說十正法。所謂十無學法：無學正見、正思、正語、正業、正命、正念、正方便、正定、正智、正解脫。是為如來所說正法，當共撰集，以防諍訟，使梵行久立，多所饒益，天、人獲安。」

爾時世尊印可舍利弗所說，時諸比丘聞舍利弗所說，歡喜奉行。

佛說長阿含經卷第八

佛說長阿含經卷第九

後秦弘始年佛陀耶舍共竺佛念譯

（一○）第二分十上經第六

如是我聞：一時，佛遊鴦伽國，與大比丘眾千二百五十人俱，詣瞻婆城，止宿伽伽池側。

以十五日月滿時，世尊在露地坐，大眾圍遶，竟夜說法，告舍利弗：「今者四方諸比丘集，皆各精勤，捐除*睡眠☆欲聞說法，吾患背痛欲少止息，卿今可為諸比丘說法。」

時舍利弗受佛教已，爾時世尊卽四牒僧伽梨，偃右脅臥如師子，累足而臥。

爾時耆年舍利弗告諸比丘：「今我說法，上中下言皆悉真正，義味具足，梵行清淨，汝等諦聽！善思念之，當為汝說。」

時諸比丘受教而聽，舍利弗告諸比丘：「有十上法，除眾結縛，得至泥洹，盡於苦際，又能具足五百五十法，今當分別，汝等善聽！

「諸比丘！有一成法、一修法、一覺法、一滅法、一退法、一增法、一難解法、一生法、一知法、一證法。

「云何一成法？謂於諸善法能不放逸。

「云何一修法？謂常自念身。

「云何一覺法？謂有漏觸。

「云何一滅法？謂是我慢。

「云何一退法？謂不惡露觀。

「云何一增法？謂惡露觀。

「云何一難解法？謂無間定。

「云何一生法？謂有漏解脫。

「云何一知法？謂諸眾生皆仰食存。

「云何一證法？謂無礙心解脫。

「又有二成法、二修法、二覺法、二滅法、二退法、二增法、二難解法、二生法、二知法、二證法。

「云何二成法？謂知慚、知愧。

「云何二修法？謂止與觀。

「云何二覺法？謂名與色。

「云何二滅法？謂無明、愛。

「云何二退法？謂毀戒、破見。

「云何二增法？戒具、見具。

「云何二難解法？有因有緣，眾生生垢；有因有緣，眾生得淨。

「云何二生法？盡智、無生智。

「云何二知法？謂是處、非處。

「云何二證法？謂明與解脫。

「又有三成法、三修法、三覺法、三滅法、三退法、三增法、三難解法、三生法、三知法、三證法。

「云何三成法？一者、親近善友，二者、耳聞法音，三者、法法成就。

「云何三修法？謂三三昧：空三昧、無相三昧、無作三昧。

「云何三覺法？謂三受：苦受、樂受、不苦不樂受。

「云何三滅法？謂三愛：欲愛、有愛、無有愛。

「云何三退法？謂三不善根：貪不善根、恚不善根、癡不善根。

「云何三增法？謂三善根：無貪善根、無恚善根、無癡善根。

「云何三難解法？謂三難解：賢聖難解、聞法難解、如來難解。

「云何三生法？謂三相：息止相、精進相、捨離相。

「云何三知法？謂三出要界：欲出要至色界，色界出要至無色界；捨離一切諸有為法，彼名為盡。

「云何三證法？謂三明：宿命智、天眼智、漏盡智。

「諸比丘！是為三十法，如實無虛，如來知已，平等說法。

「復有四成法、四修法、四覺法、四滅法、四退法、四增法、四難解法、四生法、四知法、四證法。

「云何四成法？謂四輪法：一者、住中國，二者、近善友，三者、自謹慎，四者、宿植善本。

「云何四修法？謂四念處：比丘內身身觀，精勤不懈，憶念不忘，捨世貪憂；外身身觀，精勤不懈，憶念不忘，捨世貪憂；內外身身觀，精勤不懈，憶念不忘，捨世貪憂。受、意、法觀，亦復如是。

「云何四覺法？謂四食：摶食、觸食、念食、識食。

「云何四滅法？謂四受：欲受、我受、戒受、見受。

「云何四退法？謂四扼：欲扼、有扼、見扼、無明扼。

「云何四增法？謂四無扼：無欲扼、無有扼、無見扼、無無明扼。

「云何四難解法？謂有四聖諦：苦諦、集諦、滅諦、道諦。

「云何四生法？謂四智：法智、未知智、等智、知他心智。

「云何四知法？謂四辯才：法辯、義辯、辭辯、應辯。

「云何四證法？謂四沙門果：須陀洹果、斯陀含果、阿那含果、阿羅漢果。

「諸比丘！是為四十法，如實無*虛，如來知已，平等說法。

「復有五成法、五修法、五覺法、五滅法、五退法、五增法、五難解法、五生法、五知法、五證法。

「云何五成法？謂五滅盡枝：一者、信佛、如來、至真，十號具足。二者、無病，身常安隱。三者、質直無有諛諂，直趣如來涅槃徑路。四者、專心不亂，諷誦不忘。五者、善於觀察法之起滅，以賢聖行盡於苦本。

「云何五修法？謂五根：信根、精進根、念根、定根、慧根。

「云何五覺法？謂五受陰：色受陰，受、想、行、識受陰。

「云何五滅法？謂五蓋：貪欲蓋、瞋恚蓋、眠睡蓋、掉戲蓋、疑蓋。

「云何五退法？謂五心礙結：一者比丘疑佛，疑佛已則不親近，不親近已則不恭敬，是為初心礙結。又比丘於法、於眾、於戒，有穿漏行，不真正行，為汙染行，不親近戒，亦不恭敬，是為四心礙結。又復比丘於梵行人生惡*害心，心不喜樂，以麁惡言而毀罵之，是為五心礙結。

「云何五增法？謂五喜本：一、悅，二、念，三、猗，四、樂，五、定。

「云何五難解法？謂五解脫入。若比丘精勤不懈，樂閑靜處，專念一心，未解得解，未盡得盡，未安得安。何謂五？若比丘聞佛說法，或聞梵行者說，或聞師長說，思惟觀察，分別法義，心得歡喜；得歡喜已，便得法愛；得法愛已，身心安隱；身心安隱已，則得禪定；得禪定已，得如實智，是為初解脫入。於是比丘聞法歡喜，受持諷誦亦復歡喜，為他人說亦復歡喜，思惟分別亦復歡喜，於法得定亦復如是。

「云何五生法？謂賢聖五智定：一者、修三昧現樂後樂，生內外智。二者、賢聖無愛，生內外智。三者、諸佛賢聖之所修行，生內外智。四者、猗寂滅相，獨而無侶，而生內外智。五者、於三昧一心入、一心起，生內外智。

「云何五知法？謂五出要界：一者比丘於欲不樂、不念，亦不親近，但念出要，樂於遠離，親近不怠，其心調柔，出要離欲，因欲起漏亦盡捨滅，而得解脫，是為欲出要。瞋恚出要、嫉妬出要、色出要、身見出要，亦復如是。

「云何五證法？謂五無學聚：無學戒聚、定聚、慧聚、解脫聚、解脫知見聚。

「是為五十法，如實無虛，如來知已，平等說法。

「復有六成法、六修法、六覺法、六滅法、六退法、六增法、六難解法、六生法、六知法、六證法。

「云何六成法？謂六重法。若有比丘修六重法，可敬可重，和合於眾，無有諍訟，獨行無雜。云何六？於是比丘身常行慈，敬梵行者，住仁愛心，名曰重法，可敬可重，和合於眾，無有諍訟，獨行無雜。復次，比丘口慈、意慈，以法得養及鉢中餘，與人共之，不懷彼此。復次，比丘聖所行戒，不犯不毀，無有染汙，智者所稱，善具足持，成就定意。復次，比丘成就賢聖出要，平等盡苦，正見及諸梵行，是名重法，可敬可重，和合於眾，無有諍訟，獨行不雜。

「云何六修法？謂六念：念佛、念法、念僧、念戒、念施、念天。

「云何六覺法？謂六內入：眼入、耳入、鼻入、舌入、身入、意入。

「云何六滅法？謂六愛：色愛、聲愛、香愛，味、觸、法愛。

「云何六退法？謂六不敬法：不敬佛、不敬法、不敬僧、不敬戒、不敬定、不敬父母。

「云何六增法？謂六敬法：敬佛、敬法、敬僧、*敬戒、敬定、敬父母。

「云何六難解法？謂六無上：見無上、聞無上、利養無上、戒無上、恭敬無上、念無上。

「云何六生法？謂六等法：於是比丘眼見色無憂無喜，住捨專念；耳聲、鼻香、舌味、身觸、意法，不喜不憂，住捨專念。

「云何六知法？謂六出要界。若比丘作是言：『我修慈心，更生瞋恚。』餘比丘言：『汝勿作此言，勿謗如來。如來不作是說，欲使修慈解脫更生瞋恚者，無有是處。佛言除瞋恚已，然後得慈。』若比丘言：『我行悲解脫，生憎嫉心。行喜解脫，生憂惱心。行捨解脫，生憎愛心。行無我行，生狐疑心。行無想行，生眾亂想。』亦復如是。

「云何六證法？謂六神通：一者、神足通證，二者、天耳通證，三者、知他心通證，四者、宿命通證，五者、天眼通證，六者、漏盡通證。

「是為六十法，諸比丘！如實無虛，如來知已，平等說法。

「復有七成法、七修法、七覺法、七滅法、七退法、七增法、七難解法、七生法、七知法、七證法。

「云何七成法？謂七財：信財、戒財、慚財、愧財、聞財、施財、慧財，是為七財。

「云何七修法？謂七覺意。於是比丘修念覺意，依無欲，依寂滅，依遠離，修法、修精進、修喜、修猗、修定、修捨，依無欲，依寂滅，依遠離。

「云何七覺法？謂七識住處：若有眾生，若干種身，若干種想，天及人是，是初識住。復有眾生，若干種身而一想者，梵光音天最初生時是，是二識住。復有眾生，一身若干種想，光音天是，是三識住。復有眾生，一身一想，徧淨天是，是四識住。或有眾生，空處住，是五識住。或識處住，是六識住。或不用處住，是七識住。

「云何七滅法？謂七使法：欲愛使、有愛使、見使、慢使、瞋恚使、無明使、疑使。

「云何七退法？謂七非法：是比丘無信、無慚、無愧、少聞、懈墮、多忘、無智。

「云何七增法？謂七正法：於是比丘有信、有慚、有愧、多聞、不懈墮、強記、有智。

「云何七難解法？謂七正善法：於是比丘好義、好法、好知時、好知足、好自攝、好集眾、好分別人。

「云何七生法？謂七想：不淨想、食不淨想、一切世間不可樂想、死想、無常想、無常苦想、苦無我想。

「云何七知法？謂七勤：勤於戒行、勤滅貪欲、勤破邪見、勤於多聞、勤於精進、勤於正念、勤於禪定。

「云何七證法？謂七漏盡力。於是漏盡比丘於一切諸苦、集、滅、味、過、出要，如實知見，觀欲如火坑，亦如刀劍，知欲見欲，不貪於欲，心不住欲。漏盡比丘逆順觀察，如實覺知，如實見已，世間貪嫉、惡不善法不漏不起，修四念處，多修多行；五根、五力、七覺意、賢聖八道，多修多行。

「諸比丘！是為七十法，如實不虛，如來知已，平等說法。

「復有八成法、八修法、八覺法、八滅法、八退法、八增法、八難解法、八生法、八知法、八證法。

「云何八成法？謂八因緣，不得梵行而得智，得梵行已智增多。云何為八？於是比丘依世尊住，或依師長，或依智慧梵行者住，生慚愧心，有愛有敬，是謂初因緣。未得梵行而得智，得梵行已智增多。復次，依世尊住，隨時請問：『此法云*何？義何所趣？』時諸尊長卽為開演甚深義理，是為二因緣。既聞法已，身心樂靜，是為三因緣。既樂靜已，不為遮道無益雜論，彼到眾中，或自說法，或請他說，猶復不捨賢聖默然，是為四因緣。多聞廣博，守持不忘，諸法深奧，上中下善，義味諦誠，梵行具足，聞已入心，見不流動，是為五因緣。修習精勤，滅惡增善，勉力堪任，不捨斯法，是為六因緣。有以智慧知起滅法，賢聖所趣，能盡苦際，是為七因緣。觀五受陰，生相、滅相，此色、色集、色滅，此受、想、行、識，識集、識滅，是為八因緣。未得梵行而有智，得梵行已智增多。

「云何八修法？謂賢聖八道：正見、正志、正語、正業、正命、正方便、正念、正定。

「云何八覺法？謂世八法：利、衰、毀、譽、稱、譏、苦、樂。

「云何八滅法？謂八邪：邪見、邪*志、邪語、邪業、邪命、邪方便、邪念、邪定。

「云何八退法？謂八懈怠法。

「何謂八懈怠？比丘乞食不得食，便作是念：我於今日下村乞食不得，身體疲極，不能堪任坐禪、經行，今宜臥息。懈怠比丘即便臥息，不肯精勤未得欲得，未獲欲獲，未證欲證，是為初懈怠。懈怠比丘得食既足，復作是念：我朝入村乞食，得食過足，身體沈重，不能堪任坐禪、經行，今宜寢息。懈怠比丘卽便寢息，不能精勤未得欲得，未獲欲獲，未證欲證。懈怠比丘設少執事，便作是念：我今日執事，身體疲極，不能堪任坐禪、經行，今宜寢息。懈怠比丘卽便寢息。懈怠比丘設欲執事，便作是念：明當執事，必有疲極，今者不得坐禪、經行，當豫臥息。懈怠比丘卽便臥息。懈怠比丘設少行來，便作是念：我朝行來，身體疲極，不能堪任坐禪、經行，我今宜當臥息。懈怠比丘卽便臥息。懈怠比丘設欲少行，便作是念：我明當行，必有疲極，今者不得坐禪、經行，當豫寢息。懈怠比丘卽尋寢息，不能精勤未得欲得，未獲欲獲，未證欲證，是為六懈怠比丘。設遇小患，便作是念：我得重病，困篤羸瘦，不能堪任坐禪、經行，當須寢息。懈怠比丘即尋寢息，不能精勤未得欲得，未獲欲獲，未證欲證。懈怠比丘所患已*瘥，復作是念：我病*瘥未久，身體羸瘦，不能堪任坐禪、經行，宜自寢息。懈怠比丘即尋寢息，不能精勤未得欲得，未獲欲獲，未證欲證。

「云何八增法？謂八不怠。

「云何八精進？比丘入村乞食，不得食還，即作是念：我身體輕便，少於睡眠，宜可精進坐禪、經行，未得者得，未獲者獲，未證者證。於是比丘即便精進，是為初精進比丘。乞食得足，便作是念：我今入村，乞食飽滿，氣力充足，宜勤精進坐禪、經行，未得者得，未獲者獲，未證者證。於是比丘卽尋精進。精進比丘設有執事，便作是念：我向執事，廢我行道，今宜精進坐禪、經行，未得者得，未獲者獲，未證者證。於是比丘卽尋精進。精進比丘設欲執事，便作是念：明當執事，廢我行道，今宜精進坐禪、經行，未得者得，未獲者獲，未證者證。於是比丘卽便精進。精進比丘設有行來，便作是念：我朝行來，廢我行道，今宜精進坐禪、經行，未得者得，未獲者獲，未證者證。於是比丘卽尋精進。精進比丘設欲行來，便作是念：我明當行，廢我行道，今宜精進坐禪、經行，未得者得，未獲者獲，未證者證。於是比丘卽便精進。精進比丘設遇患時，便作是念：我得重病，或能命終，今宜精進，未得者得，未獲者獲，未證者證。於是比丘卽便精進。精進比丘患得小差，復作是念：我病初差，或更增動，廢我行道，今宜精進坐禪、經行，未得者得，未獲者獲，未證者證。於是比丘卽便精進坐禪、經行，是為八。

「云何八難解法？謂八不閑妨修梵行。云何八？如來、至真出現於世，說微妙法，寂滅無為向菩提道，有人生地獄中，是為不閑處，不得修梵行。如來、至真出現於世，說微妙法，寂滅無為向菩提道，而有眾生在畜生中、餓鬼中、長壽天中、邊地無識，無佛法處，是為不閑處，不得修梵行。如來、至真、等正覺出現於世，說微妙法，寂滅無為向菩提道，或有眾生生於中國，而有邪見，懷顛倒心，惡行成就，必入地獄，是為不閑處，不得修梵行。如來、至真、等正覺出現於世，說微妙法，寂滅無為向菩提道，或有眾生生於中國，聾、盲、瘖、瘂不得聞法修行梵行，是為不閑。如來、至真、等正覺不出世間，無有能說微妙法，寂滅無為向菩提道，而有眾生生於中國，彼諸根具足，堪受聖教，而不值佛，不得修行梵行，是為八不閑。

「云何八生法？謂八大人覺：道當少欲，多欲非道；道當知足，無厭非道；道當閑靜，樂眾非道；道當自守，戲笑非道；道當精進，懈怠非道；道當專念，多忘非道；道當定意，亂意非道；道當智慧，愚癡非道。

「云何八知法？謂八除入：內有色想，觀外色少，若好若醜，常觀常念，是為初除入。內有色想，觀外色無量，若好若醜，常觀常念，是為二除入。內無色想，外觀色少，若好若醜，常觀常念，是為三除入。內無色想，外觀色無量，若好若醜，常觀常念，是為四除入。內無色想，外觀色青，青色、青光、青見，譬如青蓮華，亦如青波羅㮈衣，純一青色、青光、青見，作如是想，常觀常念，是為五除入。內無色想，外觀色黃，黃色、黃光、黃見，譬如黃華、黃波羅㮈衣，黃色、黃光、黃見，常念常觀，作如是想，是為六除入。內無色想，觀外色赤，赤色、赤光、赤見，譬如赤華、赤波羅㮈衣，純一赤色、赤光、赤見，常觀常念，作如是想，是為七除入。內無色想，外觀色白，白色、白光、白見，譬如白華、白波羅㮈衣，純一白色、白光、白見，常觀常念，作如是想，是為八除入。

「云何八證法？謂八解脫：*內有色想☆，*觀外☆色，一解脫。內*無色想，觀外色，二解脫。淨解脫，三解說。度色想，滅瞋恚想，住空處，四解脫。度空處，住識處，五解脫。度識處，住不用處，六解脫。度不用處，住有想無想處，七解脫。度有想無想處，住想知滅，八解脫。

「諸比丘！是為八十法，如實無虛，如來知已，平等說法。

「復有九成法、九修法、九覺法、九滅法、九退法、九增法、九難解法、九生法、九知法、九證法。

「云何九成法？謂九淨滅*支法：戒淨滅*支、心淨滅*支、見淨滅*支、度疑淨滅*支、分別淨滅*支、道淨滅*支、除淨滅*支、無欲淨滅*支、解脫淨滅*支。

「云何九修法？謂九喜本：一、喜，二、愛，三、悅，四、樂，五、定，六、如實知，七、除捨，八、無欲，九、解脫。

「云何九覺法？謂九眾生居：或有眾生，若干種身若干種想，天及人是，是初眾生居。或有眾生，若干種身而一想者，梵光音天最初生時是，是二眾生居。或有眾生，一身若干種想，光音天是，是三眾生居。或有眾生，一身一想，遍淨天是，是四眾生居。或有眾生，無想無所覺知，無想天是，是五眾生居。復有眾生，空處住，是六眾生居。復有眾生，識處住，是七眾生居。復有眾生，不用處住，是八眾生居。復有眾生，住有想無想處，是九眾生居。

「云何九滅法？謂九愛本：因愛有求，因求有利，因利有用，因用有欲，因欲有著，因著有嫉，因嫉有守，因守有護。

「云何九退法？謂九惱法：有人已侵惱我，今侵惱我，當侵惱我；我所愛者，已侵惱，今侵惱，當侵惱；我所憎者，已愛敬，今愛敬，當愛敬。

「云何九增法？謂◎九無惱：彼已侵我，我惱何益？已不生惱，今不生惱，當不生惱。我所愛者，彼已侵惱，我惱何益？已不生惱，今不生惱，當不生惱。我所憎者，彼已愛敬，我惱何益？已不生惱，今不生惱，當不生惱。

「云何九難解法？謂九梵行：若比丘有信而不持戒，則梵行不具；比丘有信、有戒，則梵行具足。若比丘有信、有戒而不多聞，則梵行不具；比丘有信、有戒、有多聞，則梵行具足。若比丘有信、有戒、有多聞，不能說法，則梵行不具；比丘有信、有戒、有多聞，能說法，則梵行具足。若比丘有信、有戒、有多聞，能說法，不能養眾，則梵行不具；若比丘有信、有戒、有多聞，能說法、能養眾，則梵行具足。若比丘有信、有戒、有多聞，能說法、能養眾，不能於大眾中廣演法言，則梵行不具；若比丘有信、有戒、有多聞，能說法、能養眾、能於大眾廣演法言，則梵行具足。若比丘有信、有戒、有多聞，能說法、能養眾、能在大眾廣演法言，而不得四禪，則梵行不具；若比丘有信、有戒、有多聞，能說法、能養眾、能於大眾廣演法言，又得四禪，則梵行具足。若比丘有信、有戒、◎有多聞，能說法、能養眾、在大眾中廣演法言，又得四禪，不於八解脫逆順遊行，則梵行不具；*若比丘有信、有戒、有多聞，能說法、能養眾、於大眾中廣演法言，具足四禪，於八解脫逆順遊行，則梵行具足。若比丘有信、有戒、有多聞，能說法、能養眾、在大眾中廣演法言，得四禪，於八解脫逆順遊行，然不能盡有漏成無漏，心解脫、智慧解脫，於現法中自身作證：生死已盡，梵行已立，所作已辦，更不受有，則梵行不具；若比丘有信、有戒、有多聞，能說法、能養眾、能在大眾廣演法言，成就四禪，於八解脫逆順遊行，捨有漏成無漏，心解脫、智慧解脫，於現法中自身作證：生死已盡，梵行已立，所作已辦，更不受有，則梵行具足。

「云何九生法？謂九想：不淨想、觀食不淨想、一切世間不可樂想、死想、無常想、無常苦想、苦無我想、盡想、無欲想。

「云何九知法？謂九異法：生果異、因果異，生觸異、因觸異，生受異、因受異，生想異、因想異，生集異、因集異，生欲異、因欲異，生利異、因利異，生求異、因求異，生煩惱異、因煩惱異。

「云何九證法？謂九盡：若入初禪，則聲刺滅。入第二禪，則覺觀刺滅。入第三禪，則喜刺滅。入第四禪，則出入息刺滅。入空處，則色想刺滅。入識處，則空想刺滅。入不用處，則識想刺滅。入有想無想處，則不用想刺滅。入滅盡定，則想受刺滅。

「諸比丘！是為九十法，如實不虛，如來知已，平等說法。

「復有十成法、十修法、十覺法、十滅法、十退法、十增法、十難解法、十生法、十知法、十證法。

「云何十成法？謂十救法：一者、比丘二百五十戒具，威儀亦具，見有小罪，生大怖畏，平等學戒，心無傾邪。二者、得善知識。三者、言語中正，多所含受。四者、好求善法，分布不悋。五者、諸梵行人有所施設，輒往佐助，不以為勞，難為能為，亦教人為。六者、多聞，聞便能持，未曾有忘。七者、精進，滅不善法，增長善法。八者、常自專念，無有他想，憶本善行，若在目前。九者、智慧成就，觀法生滅，以賢聖律而斷苦本。十者、樂於閑居，專念思惟，於禪中間無有調戲。

「云何十修法？謂十正行：正見、正*志、正語、正業、正命、正方便、正念、正定、正解脫、正*智。

「云何十覺法？謂十色入：眼入、耳入、鼻入、舌入、身入、色入、聲入、香入、味入、觸入。

「云何十滅法？謂十邪行：邪見、邪*志、邪語、邪業、邪命、邪方便、邪念、邪定、邪解脫、邪智。

「云何十退法？謂十不善行迹：身殺、盜、婬，口兩舌、惡罵、妄言、綺語，意貪取、嫉妬、邪見。

「云何十增法？謂十善行：身不殺、盜、婬，口不兩舌、惡罵、妄言、綺語，意不貪取、嫉妒、邪見。

「云何十難解法？謂十賢聖居：一者、比丘除滅五枝，二者、成就六枝，三者、捨一，四者、依四，五者、滅異諦，六者、勝妙求，七者、無濁想，八者、身行已立，九者、心解脫，十者、慧解脫。

「云何十生法？謂十稱譽處：若比丘自得信已，為他人說，亦復稱歎諸得信者。自持戒已，為他人說，亦復稱歎諸持戒者。自少欲已，為他人說，亦復稱歎諸少欲者。自知足已，為他人說，亦復稱歎諸知足者。自樂閑靜，為他人說，亦復稱歎樂閑靜者。自多聞已，為他人說，亦復稱歎諸多聞者。自精進已，為他人說，亦復稱歎諸精進者。自專念已，為他人說，亦復稱歎諸專念者。自得禪定，為他人說，亦復稱歎得禪定者。自得智慧，為他人說，亦復稱歎得智慧者。

「云何十知法？謂十滅法：正見之人能滅邪見，諸緣邪見，起無數惡，亦盡除滅；諸因正見，生無數善，盡得成就。正*志、正語、正業、正命、正方便、正念、正定、正解脫、正智，正智之人能滅邪智，諸因邪智，起無數惡，悉皆除滅；諸因正智，起無數善法，盡得成就。

「云何十證法？謂十無學法：無學正見、正*志、正語、正業、正命、正方便、正念、正定、正解脫、正智。

「諸比丘！是為百法，如實無虛，如來知已，平等說法。」

爾時舍利弗佛所印可，諸比丘聞舍利弗所說，歡喜奉行。

（一一）佛說長阿含第二分增一經第七

如是我聞：一時，佛在舍衛國祇樹給孤獨園，與大比丘眾千二百五十人俱。

爾時世尊告諸比丘：「我與汝等說微妙法，上中下言皆悉真正，義味清淨，梵行具足，謂一增法也。汝等諦聽！善思念之，當為汝說。」

時諸比丘受教而聽，佛告比丘：「一增法者，謂一成法、一修法、一覺法、一滅法、一證法。

「云何一成法？謂不捨善法。

「云何一修法？謂常自念身。
「云何一覺法？謂有漏觸。
「云何一滅法？謂有我慢。
「云何一證法？謂無礙心解脫。
「又有二成法、二修法、二覺法、二滅法、二證法。
「云何二成法？謂知慚、知愧。
「云何二修法？謂止與觀。
「云何二覺法？謂名與色。
「云何二滅法？謂無明、有愛。
「云何二證法？謂明與解脫。

「又有三成法、三修法、三覺法、三滅法、三證法。

「云何三成法？一者、親近善友，二者、耳聞法音，三⊙者、法法成就。

「云何三修法？謂三三昧：空三昧、無*相三昧、無作三昧。

「云何三覺法？謂三受：苦受、樂受、不苦不樂受。

「云何三滅法？謂三愛：欲愛、有愛、無有愛。

「云何三證法？謂三明：宿命智、天眼智、漏盡智。

「又有四成法、四修法、四覺法、四滅法、四證法。

「云何四成法？一者、住中國，二者、近善友，三者、自謹慎，四者、宿殖善本。

「云何四修法？住四念處。比丘內身身觀，精勤不懈，憶念不忘，捨世貪憂；外身身觀，精勤不懈，憶念不忘，捨世貪憂；內外身身觀，精勤不懈，憶念不忘，捨世貪憂。受、意、法觀，亦復如是。

「云何四覺法？謂四食：摶食、觸食、念食、識食。

「云何四滅法？謂四受：欲受、我受、戒受、見受。

「云何四證法？謂四沙門果：須陀洹果、斯陀含果、阿那含果、阿羅漢果。

「又有五成法、五修法、五覺法、五滅法、五證法。

「云何五成法？謂五滅盡支：一者、信佛、如來、至真，十號具足。二者、無病，身常安隱。三者、質直無有諛諂，*直趣如來涅槃徑路。四者、專心不亂，諷誦不忘。五者、善於觀察法之起滅，以賢聖行盡於苦本。

「云何五修法？謂五根：信根、精進根、念根、定根、慧根。

「云何五覺法？謂五受陰：色受陰，受、想、行、識受陰。

「云何五滅法？謂五蓋：貪欲蓋、瞋恚蓋、睡眠蓋、掉戲蓋、疑蓋。

「云何五證法？謂五無學聚：無學戒聚、無學定聚、慧聚、解脫聚、解脫知見聚。

「復有六成法、六修法、六覺法、六滅法、六證法。

「云何六成法？謂六重法。若有比丘修六重法，可敬可重，和合於眾，無有諍訟，獨行無雜。云何六？於是比丘身常行慈及修梵行，住仁愛心，名曰重法，可敬可重，和合於眾，無有諍訟，獨行無雜。復次，比丘口慈、意慈，以己供養及鉢中餘，與人共之，不懷彼此。復次，比丘聖所行戒，不犯不毀，無有染汙，智者所稱，善具足持戒，成就賢聖出要，平等盡苦，正見及諸梵行，是名重法，可敬可重，和合於眾，無有諍訟，獨行不雜。

「云何六修法？謂六念：佛念、法念、僧念、戒念、施念、天念。

「云何六覺法？謂六內入：眼入、耳入、鼻入、舌入、身入、意入。

「云何六滅法？謂六愛：色愛、聲愛，香、味、觸、法愛。

「云何六證法？謂六神通：一者、神足通證，二者、天耳通證，三者、知他心通證，四者、宿命通證，五者、天眼通證，六者、漏盡通證。

「復有七成法、七修法、七覺法、七滅法、七證法。

「云何七成法？謂七財：信財、戒財、慚財、愧財、聞財、施財、*慧財，是為七財。

「云何七修法？謂七覺意。於是比丘修念覺意，依無欲，依寂滅，依遠離，修法、修精進、修喜、修猗、修定、修捨，依無欲，依寂滅，依遠離。

「云何七覺法？謂七識住處：若有眾生，若干種身若干種想，天及人，此是初識住。復有眾生，若干種身而一想者，梵光音天最初生時是，是二識住。復有眾生，一身若干種想，光音天是，是三識住。復有眾生，一身一想，徧淨天是，是四識住處。復有眾生，空處住，是五識住。或識處住，是六識住。或不用處，是七識住。

「云何七滅法？謂七使法：欲愛使、有愛使、見使、慢使、瞋恚使、無明使、疑使。

「云何七證法？為七漏盡力。於是漏盡比丘於一切諸苦、集、滅、味、過、出要，如實知見，觀欲如火坑，亦如刀劍，知欲見欲，不貪於欲，心不住欲；於中復善觀察，如實得知，如實見已，世間貪婬、惡不善法不起不漏，修四念處，多修多行，五根、五力、七覺意、賢聖八道，多修多行。

「復有八成法、八修法、八覺法、八滅法、八證法。

「云何八成法？謂八因緣，未得梵行而得智，得梵行已智增多。云何為八？如是比丘依世尊住，或依師長，或依智慧梵行者住，生慚愧心，有愛有敬，是為初因緣；未得梵行而得智，得梵行已智增多。復次，依世尊住，隨時請問：『此法云何義、何所趣？』尊長即為開演深義，是為二因緣。既聞法已，身心樂靜，是為三因緣。不為遮道無益雜論，彼到眾中，或自說法，或請他說，猶復不捨賢聖默然，是為四因緣。多聞廣博，守持不忘，諸法深奧，上中下善，義味誠諦，梵行具足；聞已入心，見不流動，是為五因緣。修習精勤，滅不善行，善行日增，勉力堪任，不捨斯法，是為六因緣。又以智慧知起滅法，聖賢所趣能盡苦際，是為七因緣。又觀五受陰，生想、滅想：此色，色集、色滅；此受、想、行、識，識集、識滅，是為八因緣，未得梵行而有智，已得梵行智增多。

「云何八修法？謂賢聖八道：正見、正志、正語、正業、正命、正方便、正念、正定。

「云何八覺法？謂世八法：利、衰、毀、譽、稱、譏、苦、樂。

「云何八滅法？謂八邪：邪見、邪志、邪語、邪業、邪命、邪方便、邪念。邪定。

「云何八證法？謂八解脫：色觀色，一解脫。內有色想，外觀色，二解脫。淨解說，三解脫。度色想，滅瞋恚想，住空處，四解脫。

度空處，住識處，五解脫。度識處，住不用處，六解脫。度不用處，住有想無想處，七解脫。度有想無想處，住想知滅，八解脫。

「復有九成法、九修法、九覺法、九滅法、九證法。

「云何九成法？謂九淨滅*支法：戒淨滅*支、心淨滅*支、見淨滅*支、度疑淨滅*支、分別淨滅*支、道淨滅*支、除淨滅*支、無欲淨滅*支、解脫淨滅*支。

「云何九修法？謂九喜本：一、喜，二、愛，三、悅，四、樂，五、定，六、如實知，七、除捨，八、無欲，九、解脫。

「云何九覺法？謂九眾生居。或有眾生，若干種身若干種想，天及人是，是初眾生居。或有眾生，若干種身而一想者，梵光音天最初生時是，是二眾生居。或有眾生，一身若干種想，光音天是，是三眾生居。或有眾生，一身一想，遍淨天是，是四眾生居。◎或有衆生☆，無想無所覺知，無想天是，是五眾生居。復有眾生，空處住，是六眾生居。復有眾生，識處住，是七眾生居。復有眾生，不用處住，是八眾生居。復有眾生，住有想無想處，是九眾生居。

「云何九滅法？謂九愛本：因愛有求，因求有利，因利有用，因用有欲，因欲有著，因著有嫉，因嫉有守，因守有護。

「云何九證法？謂九盡：若入初禪，則聲刺滅。入第二禪，則覺觀刺滅。入第三禪，則喜刺滅。入第四禪，則出入息刺滅。入空處，則色想刺滅。入識處，則空想刺滅。入不用處，則識想刺滅。入有想無想處，則不用想刺滅。入滅盡定，則想受刺滅。

「復有十成法、十修法、十覺法、十滅法、十證法。

「云何十成法？謂十救法：一者、比丘二百五十戒具，威儀亦具，見有小罪，生大怖畏，平等學戒，心無傾邪。二者、得善知識。三者、言語中正，多所堪忍。四者、好求善法，分布不悋。五者、諸梵行人有所施設，輙往佐助，不以為勞，難為能為，亦教人為。六者、多聞，聞便能持，未曾有忘。七者、精勤，滅不善法，增長善法。八者、常自專念，無有他想，憶本善行，如在目前。九者、智慧成就，觀法生滅，以賢聖律斷於苦本。十者、樂於閑居，專念思惟，於禪中間無有*掉戲。

「云何十修法？謂十正行：正見、正志、正語、正業、正命、正方便、正念、正定、正解脫、正智。

「云何十覺法？謂十色入：眼入、耳入、鼻入、舌入、身入、色入、聲入、香入、味入、觸入。

「云何十滅法？謂十邪行：邪見、邪志、邪語、邪業、邪命、邪方便、邪念、邪定、邪解脫、邪智。

「云何十證法？謂十無學法：無學正見、正志、正語、正業、正命、正方便、正念、正定、正解脫、正智。

「諸比丘！此名一增法，我今為汝等說如是法，吾為如來、為諸弟子所應作者，皆已備悉，慈愍慇懃，訓誨汝等，汝等亦宜勤奉行之。諸比丘！當在閑居樹下空處，精勤坐禪，勿自放恣。今不勉力，後悔何益！此是我教，勤受持之。」

爾時諸比丘聞佛所說，歡喜奉行。

佛說長阿含經卷第九

佛說長阿含經卷第十

後秦弘始年佛陀耶舍共竺佛念譯

（一一）第二分三聚經第八

如是我聞：一時，佛在舍衞國祇樹給孤獨園，與大比丘衆千二百五十人俱。

爾時世尊告諸比丘：「我與汝等說微妙法，義味清淨，梵行具足，謂三聚法。汝等諦聽！思惟念之，當為汝說。」時諸比丘受教而聽。

佛告比丘：「三法聚者，一法趣惡趣，一法趣善趣，一法趣涅槃。云何一法趣于惡趣？謂無仁慈，懷毒害心，是謂一法將向惡趣。云何一法趣于善趣？謂不以惡心加於衆生，是為一法將向善趣。云何一法趣于涅槃？謂能精勤，修身念處，是為一法將向涅槃。

「復有二法趣向惡趣，復有二法趣向善趣，復有二法趣向涅槃。云何二法趣向惡趣？一謂毀戒，二謂破見。云何二法趣向善趣？一謂戒具，二謂見具。云何二法趣向涅槃？一謂為止，二謂為觀。

「復有三法趣向惡趣，三法向善趣，三法向涅槃。云何三法向惡趣？謂三不善根：貪不善根、恚不善根、癡不善根。云何三法向善趣？謂三善根：無貪善根、無恚善根、無癡善根。云何三法趣向涅槃？

謂三三昧：空三昧、無相三昧、無作三昧。

「又有四法趣向惡趣，四法向善趣，四法向涅槃。云何四法向惡趣？謂愛語、恚語、怖語、癡語。云何四法向善趣？謂不愛語、不恚語、不怖語、不癡語。云何四法向涅槃？謂四念處：身念處、受念處、意念處、法念處。

「復有五法向惡趣，五法向善趣，五法向涅槃。云何五法向惡趣？謂破五戒：殺、盜、婬逸、妄語、飲酒。云何五法向善趣？謂持五戒：不殺、不盜、不婬、不欺、不飲酒。云何五法趣向涅槃？謂五根：信根、精進根、念根、定根、慧根。

「又有六法向惡趣，六法向善趣，六法向涅槃。云何六法向惡趣？謂六不敬：不敬佛、不敬法、不敬僧、不敬戒、不敬定、不敬父母。云何六法向善趣？謂六敬法：敬佛、敬法、敬僧、敬戒、敬定、敬父母。云何六法向涅槃？謂六思念：念佛、念法、念僧、念戒、念施、念天。

「又有七法向惡趣，七法向善趣，七法向涅槃。云何七法向惡趣？謂殺生、不與取、婬逸、妄語、兩舌、惡口、綺語。云何七法向善趣？謂不殺生、不盜、不婬、不欺、不兩舌、不惡口、不綺語。云何七法向涅槃？謂七覺意：念覺意、擇法覺意、精進覺意、猗覺意、定覺意、喜覺意、捨覺意。

「又有八法向惡趣，八法向善趣，八法向涅槃。云何八法向惡趣？謂八邪行：邪見、邪志、邪語、邪業、邪命、邪方便、邪念、邪定。云何八法向善趣？謂世正見、正志、正語、正業、正命、正方便、正念、正定。云何八法向涅槃？謂八賢聖道：正見、正志、正語、正業、正命、正方便、正念、正定。

「又有九法向惡趣，九法向善趣，九法向涅槃。云何九法向惡趣？謂九惱：有人已侵惱我，今侵惱我，當侵惱我；我所愛者，已侵惱，今侵惱，當侵惱；我所憎者，已愛敬，今愛敬，當愛敬。云何九法向善趣？謂九無惱：彼已侵我，我惱何益？已不生惱，今不生惱，當不生惱；我所愛者，彼已侵惱，我惱何益？已不生惱，今不生惱，當不生惱；我所憎者，彼已愛敬，我惱何益？已不生惱，當不生惱，今不生惱。云何九法向涅槃？謂九善法：一、喜，二、愛，三、悅，四、樂，五、定，六、實知，七、除捨，八、無欲，九、解脫。

「又有十法向惡趣，十法向善趣，十法向涅槃。云何十法向惡趣？謂十不善：身殺、盜、婬，口兩舌、惡罵、妄言、綺語，意貪取、嫉妬、邪見。云何十法向善趣？謂十善行：身不殺、盜、婬，口不兩舌、惡罵、妄言、綺語，意不貪取、嫉妬、邪見。云何十法向涅槃？謂十直道：正見、正志、正語、正業、正命、正方便、正念、正定、正解脫、正智。諸比丘！如是十法，得至涅槃，是名三聚微妙正法。我為如來、為衆弟子所應作者，無不周備，憂念汝等，故演經道。汝等亦宜自憂其身，當處閑居樹下思惟，勿為懈怠。今不勉力，後悔無益。」

諸比丘聞佛所說，歡喜奉行。

（一三）佛說長阿含第二分大緣方便經第九

如是我聞：一時，佛在拘流沙國劫摩沙住處，與大比丘眾千二百五十人俱。

爾時阿難在閑靜處，作是念言：「甚奇！甚特！世尊所說十二因緣法之光明，甚深難解！如我意觀，猶如目前，以何為深？」

於是阿難即從靜室起，至世尊所頭面禮足，在一面坐白世尊言：「我向於靜室，默自思念：甚奇！甚特！世尊所說十二因緣法之光明，甚深難解！如我意觀，如在目前，以何為深？」

爾時世尊告阿難曰：「止！止！勿作此言：十二因緣法之光明，甚深難解！阿難！此十二因緣難見難知，諸天、魔、梵、沙門、婆羅門未見緣者，若欲思量觀察分別其義者，則皆荒迷，無能見者。阿難！我今語汝老死有緣，若有問言：『何等是老死緣？』應答彼言：『生是老死緣。』若復問言：『誰是生緣？』應答彼言：『有是生緣。』若復問言：『誰是有緣？』應答彼言：『取是有緣。』若復問言：『誰是取緣？』應答彼言：『愛是取緣。』若復問言：『誰是愛緣？』應答彼言：『受是愛緣。』若復問言：『誰是受緣？』應答彼言：『觸是受緣。』若復問言：『誰為觸緣？』應答彼言：『六入是觸緣。』若復問言：『誰為六入緣？』應答彼言：『名色是六入緣。』若復問言：『誰為名色緣？』應答彼言：『識是名色緣。』若復問言：『誰為識緣？』應答彼言：『行是識緣。』若復問言：『誰為行緣？』應答彼言：『癡是行緣。』阿難！如是緣癡有行，緣行有識，緣識有名色，緣名色有六入，緣六入有觸，緣觸有受，緣受有愛，緣愛有取，緣取有有，緣有有生，緣生有老、死、憂悲苦惱，大患所集，是為此大苦陰緣。」

佛告阿難：「緣生有老死，此為何義？若使一切衆生無有生者，寧有老死不？」

阿難答曰：「無也。」

「是故，阿難！以此緣，知老死由生，緣生有老死。我所說者，義在於此。」

又告阿難：「緣有有生，此為何義？若使一切衆生無有欲有、色有、無色有者，寧有生不？」

答曰：「無也。」

「阿難！我以此緣，知生由有，緣有有生。我所說者，義在於此。」

又告阿難：「緣取有有，此為何義？若使一切衆生無有欲取、見取、戒取、我取者，寧有有不？」

答曰：「無也。」

「阿難！我以此緣，知有由取，緣取有有。我所說者，義在於此。」

又告阿難：「緣愛有取，此為何義？若使一切衆生無有欲愛、有愛、無有愛者，寧有取不？」

答曰：「無有。」

「阿難！我以此緣，知取由愛，緣愛有取。我所說者，義在於此。」

又告阿難：「緣受有愛，此為何義？若使一切衆生無有樂受、苦受、不苦不樂受者，寧有愛不？」

答曰：「無也。」

「阿難！我以此緣，知愛由受，緣受有愛。我所說者，義在於此。阿難！當知因愛有求，因求有利，因利有用，因用有欲，因欲有著，因著有嫉，因嫉有守，因守有護。阿難！由有護故，有刀杖、諍訟，作無數惡。我所說者，義在於此。阿難！此為何義？若使一切衆生無有護者，當有刀杖、諍訟，起無數惡不？」

答曰：「無也。」

「是故，阿難！以此因緣，知刀杖、諍訟由護而起，緣護有刀杖、諍訟。阿難！我所說者，義在於此。」

又告阿難：「因守有護，此為何義？若使一切衆生無有守者，寧有護不？」

答曰：「無也。」

「阿難！我以此緣，知護由守，因守有護。我所說者，義在於此。阿難！因嫉有守，此為何義？若使一切衆生無有嫉者，寧有守不？」

答曰：「無也。」

「阿難！我以此緣，知守由嫉，因嫉有守。我所說者，義在於此。阿難！因著有嫉，此為何義？若使一切眾生無有著者，寧有嫉不？」

答曰：「無也。」

「阿難！我以此緣，知嫉由著，因著有嫉。我所說者，義在於此。阿難！因欲有著，此為何義？若使一切眾生無有欲者，寧有著不？」

答曰：「無也。」

「阿難！我以此緣，知著由欲，因欲有著。我所說者，義在於此。阿難！因用有欲，此為何義？若使一切眾生無有用者，寧有欲不？」

答曰：「無也。」

「阿難！我以此義，知欲由用，因用有欲。我所說者，義在於此。阿難！因利有用，此為何義？若使一切眾生無有利者，寧有用不？」

答曰：「無也。」

「阿難！我以此義，知用由利，因利有用。我所說者，義在於此。阿難！因求有利，此為何義？若使一切眾生無有求者，寧有利不？」

答曰：「無也。」

「阿難！我以此緣，知利由求，因求有利。我所說者，義在於此。阿難！因愛有求，此為何義？若使一切眾生無有愛者，寧有求不？」

答曰：「無也。」

「阿難！我以此緣，知求由愛，因愛有求。我所說者，義在於此。」

又告阿難：「因愛有求，至於守護；受亦如是，因受有求，至於守護。」

佛告阿難：「緣觸有受，此為何義？阿難！若使無眼、無色、無眼識者，寧有觸不？」

答曰：「無也。」

「若無耳、聲、耳識，鼻、香、鼻識，舌、味、舌識，身、觸、身識，意、法、意識者，寧有觸不？」

答曰：「無也。」

「阿難！若使一切衆生無有觸者，寧有受不？」

答曰：「無也。」

「阿難！我以是義，知受由觸，緣觸有受。我所說者，義在於此。阿難！緣名色有觸，此為何義？若使一切衆生無有名色者，寧有心觸不？」

答曰：「無也。」

「若使一切衆生無形色相貌者，寧有身觸不？」

答曰：「無也。」

「阿難！若無名色，寧有觸不？」

答曰：「無也。」

「阿難！我以是緣，知觸由名色，緣名色有觸。我所說者，義在於此。阿難！緣識有名色，此為何義？若識不入母胎者，有名色不？」

答曰：「無也。」

「若識入胎不出者，有名色不？」

答曰：「無也。」

「若識出胎，嬰孩壞敗，名色得增長不？」

答曰：「無也。」

「阿難！若無識者，有名色不？」

答曰：「無也。」

「阿難！我以是緣，知名色由識，緣識有名色。我所說者，義在於此。阿難！緣名色有識，此為何義？若識不住名色，則識無住處。若⊙識無住處，寧有生、老、病、死、憂悲苦惱不？」

答曰：「無也。」

「阿難！若無名色，寧有識不？」

答曰：「無也。」

「阿難！我以此緣，知識由名色，緣名色有識。我所說者，義在於此。阿難！是故名色緣識，識緣名色，名色緣六入，六入緣觸，觸緣受，受緣愛，愛緣取，取緣有，有緣生，生緣老、死、憂*悲苦☆惱，大苦陰集。

「阿難！齊是為語，齊是為應，齊是為限，齊此為演說，齊是為智觀，齊是為眾生。阿難！諸比丘於此法中，如實正觀，無漏心解脫。阿難！此比丘當名為慧解脫。如是解脫比丘如來終亦知，如來不終亦知，如來終不終亦知，如來非終非不終亦知。何以故？阿難！齊是為語，齊是為應，齊是為限，齊是為演說，齊是為智觀，齊是為衆生。如是盡知已，無漏心解脫比丘不知不見如是知見。阿難！夫計我者，齊幾名我見？名色與受，俱計以為我。有人言：『受非我，我是受。』或有言：『受非我，我非受，受法是我。』或有言：『受非我，我非受，受法非我，但愛是我。』

「阿難！彼見我者，言受是我，當語彼言：『如來說三受：樂受、苦受、不苦不樂受。當有樂受時，無有苦受、不苦不樂受；有苦受時，無有樂受、不苦不樂受；有不苦不樂受時，無有苦受、樂受。』所以然者，阿難！樂觸緣生樂受，若樂觸滅受亦滅。阿難！苦觸緣生苦受，若苦觸滅受亦滅。不苦不樂觸緣生不苦不樂受，若不苦不樂觸滅受亦滅。阿難！如兩木相攢則有火生，各置異處則無有火。此亦如是，因樂觸緣故生樂受，若樂觸滅受亦俱滅。因苦觸緣故生苦受，若苦觸滅受亦俱滅。因不苦不樂觸緣生不苦不樂受，若不苦不樂觸滅受亦俱滅。阿難！此三受有為無常，從因緣生，盡法、滅法，為朽壞法，彼非我有，我非彼有，當以正智如實觀之。阿難！彼見我者，以受為我，彼則為非。

「阿難！彼見我者，言受非我，我是受者，當語彼言：『如來說三受：苦受、樂受、不苦不樂受。若樂受是我者，樂受滅時，則有二我，此則為過。若苦受是我者，苦受滅時，則有二我，此則為過。若不苦不樂受是我者，不苦不樂受滅時，則有二我，此則為過。』阿難！彼見我者，言：『受非我，我是受。』彼則為非。阿難！彼計我者，作此說：『受非我，我非受，受法是我。』當語彼言：『一切無受，汝云何言有受法，汝是受法耶？』對曰：『非是。』是故，阿難！彼計我者，言：『受非我，我非受，受法是我。』彼則為非。

「阿難！彼計我者，作是言：受非我，我非受，受法非我，但愛是我者，當語彼言：『一切無受，云何有愛？汝是愛耶？』對曰：『非也。』是故，阿難！彼計我者，言：受非我，我非受，受法非我，愛是我者，彼則為非。阿難！齊是為語，齊是為應，齊是為限，齊是為演說，齊是為智觀，齊是為衆生。阿難！諸比丘於此法中如實正觀，於無漏心解脫。阿難！此比丘當名為慧解脫。如是解脫心比丘，有我亦知，無我亦知，有我無我亦知，非有我非無我亦知。何以故？阿難！齊是為語，齊是為應，齊是為限，齊是為演說，齊是為智觀，齊是為眾生。如是盡知已，無漏心解脫比丘不知不見如是知見。」

佛語阿難：「彼計我者，齊已為定，彼計我者，或言少色是我，或言多色是我，或言少無色是我，或言多無色是我。阿難！彼言少色是我者，定少色是我，我所見是，餘者為非。多色是我者，定多色是我，我所見是，餘者為非。少無色是我者，定言少無色是我，我所見是，餘者為非。多無色是我者，定多無色是我，我所見是，餘者為非。」

佛告阿難：「七識住，二入處，諸有沙門、婆羅門言：『此處安隱，為救、為護、為舍、為燈、為明、為歸，為不虛妄，為不煩惱。』云何為七？或有衆生，若干種身若干種想，天及人，此是初識住處。諸沙門、婆羅門言：『此處安隱，為救、為護、為舍、為燈、為明、為歸，為不虛妄，為不煩惱。』阿難！若比丘知初識住，知集、知滅、知味、知過、知出要，如實知者。阿難！彼比丘言：『彼非我，我非彼。』如實知見。或有衆生，若干種身而一想，梵光音天是。或有衆生，一身若干種想，光音天是。或有衆生一身一想，遍淨天是。或有衆生，住空處。或有衆生，住識處。或有衆生，住不用處。是為七識住處。或有沙門、婆羅門言：『此處安隱，為救、為護、為舍、為燈、為明、為歸，為不虛妄，為不煩惱。』阿難！若比丘知七識住，知集、知滅、知味、知過、知出要，如實知見，彼比丘言：『彼非我，我非彼。』如實知見。是為七識住。

「云何二入處？無想入、非想非無想入。是為，阿難！此二入處，或有沙門、婆羅門言：『此處安隱，為救、為護、為舍、為燈、為明、為歸，為不虛妄，為不煩惱。』阿難！若比丘知二入處，知集、知滅、知味、知過、知出要、如實知見，彼比丘言：『彼非我，我非彼。』如實知見。是為二入。

「阿難！復有八解脫。云何八？色觀色，初解脫。內色想，觀外色，二解脫。淨解脫，三解脫。度色想，滅有對想，不念雜想，住空處，四解脫。度空處，住識處，五解脫。度識處，住不用處，六解脫。度不用處，住有想無想處，七解脫。滅盡定，八解脫。阿難！諸比丘於此八解脫，逆順遊行，入出自在，如是比丘得俱解脫。」

爾時阿難聞佛所說，歡喜奉行。

（一四）佛說長阿含第二分釋提桓因問經第十

如是我聞：一時，佛在摩竭國菴婆羅村北，毘陀山因陀*婆羅窟中。

爾時釋提桓因發微妙善心，欲來見佛：「今我當往至世尊所。」時諸忉利天聞釋提桓因發⊙微妙善心，欲詣佛所，即尋詣帝釋，白言：「善哉！帝釋！發妙善心，欲詣如來，我等亦樂侍從詣世尊所。」

時釋提桓因即告執樂神般遮翼曰：「我今欲詣世尊所，汝可俱行，此忉利諸天亦當與我俱詣佛所。」

對曰：「唯然。」

時般遮翼持琉璃琴，於帝釋前忉利天眾中鼓琴供養。時釋提桓因、忉利諸天及般遮翼，於法堂上忽然不現，譬如力士屈伸臂頃，至摩竭國北毗陀山中。

爾時世尊入火焰三昧，彼毗陀山同一火色，時國人見，自相謂言：「此毗陀山同一火色，將是如來諸天之力。」

時釋提桓因告般遮翼曰：「如來、至真甚難得覩，而能垂降此閑靜處，寂默無聲，禽獸為侶，此處常有諸大神天侍衛世尊。汝可於前鼓琉璃琴娛樂世尊，吾與諸天尋於後往。」

對曰：「唯然。」

即受教已，持琉璃琴於先詣佛。去佛不遠，鼓琉璃琴，以偈歌曰：

跋陀禮汝父，汝父甚端嚴；生汝時吉祥，我心甚愛樂。
本以小因緣，欲心於中生；展轉遂增廣，如供養羅漢。
釋子專四禪，常樂於閑居；正意求甘露，我專念亦爾。
能仁發道心，必欲成正覺；我今求彼女，必欲會亦爾。
我心生染著，愛好不捨離；欲捨不能去，如象為鉤制。
如熱遇涼風，如渴得冷泉；如取涅槃者，如水滅於火。
如病得良醫，飢者得美食；充足生快樂，如羅漢遊法。
如象被深鉤，而猶不肯伏；騎突難禁制，放逸不自止。

猶如清涼池，　眾花覆水上；　疲熱象沐浴，　舉身得清涼。
我前後所施，　供養諸羅漢；　世有福報者，　盡當與彼供。
汝死當共死，　汝無我活為？　寧使我身死，　不能無汝存。
忉利天之主，　釋今與我願；　稱汝禮節具，　汝善思察之。

爾時世尊從三昧起，告般遮翼言：「善哉！善哉！般遮翼！汝能以清淨音和琉璃琴稱讚如來，琴聲、汝音不長不短，悲和哀婉感動人心。汝琴所奏眾義備有，亦說欲縛，亦說梵行，亦說沙門，亦說涅槃。」

爾時般遮翼白佛言：「我念世尊昔鬱鞞羅尼連禪水邊，阿遊波陀尼俱律樹下初成佛道時，有尸漢陀天大將子及執樂天王女，共於一處，但設欲樂。我於爾時見其心爾，即為作頌，頌說欲縛，亦說梵行，亦說沙門，亦說涅槃。時彼天女聞我偈已，舉目而笑語我言：『般遮翼！我未見如來，我曾於忉利天法講堂上，聞彼諸天稱讚如來，有如是德，有如是力。汝常懷信親近如來，我今意欲與汝共為知識。』世尊！我時與一言之後，不復與語。」

時釋提桓因作是念：「此般遮翼已娛樂如來訖，我今寧可念於彼人。」

時天帝釋卽念彼人。時般遮翼復生念言：「今天帝釋乃能念我。」卽持琉璃琴詣帝釋所，帝釋告曰：「汝以我名并稱忉利天意，問訊世尊：起居輕利，遊步強耶？」

時般遮翼承帝釋教，卽詣世尊所頭面禮足，於一面住白世尊言：

「釋提桓因及忉利諸天故，遣我來問訊世尊：起居輕利，遊步強耶？」

世尊報曰：「使汝帝釋及忉利天壽命延長，快樂無患。所以然者，諸天、世人及阿須輪諸衆生等，皆貪壽命、安樂無患。」

爾時帝釋復自念言：「我等宜往禮覲世尊。」

卽與忉利諸天往詣佛所，頭面禮足卻住一面，時帝釋白佛言：「不審我今去世尊遠近可坐？」

佛告帝釋曰：「汝天衆多，但近我坐。」

時世尊所止因陀羅窟，自然廣博無所障碍。爾時帝釋與忉利諸天及般遮翼皆禮佛足，於一面坐，帝釋白佛言：「一時佛在舍衛國婆羅門舍，爾時世尊入火焰三昧，我時以少因緣，乘千輻寶車，詣毗樓勒天王所，於空中過，見一天女叉手在世尊前立，我尋語彼女言：『若世尊三昧起者，汝當稱我名字，問訊世尊：起居輕利，遊步強耶？』不審彼女後竟為我達此心不？世尊！寧能憶此事不？」

佛言：「憶耳！彼女尋以汝聲致問於我，吾從定起，猶聞汝車聲。」

帝釋白佛言：「昔者我以少緣，與忉利諸天集在法堂，彼諸舊天皆作是言：『若如來出世，增益諸天衆，減損阿須輪衆。』今我躬見世尊，躬*身自知，躬自作證，如來、至真出現於世，增益諸天衆，減損阿須輪衆。此有瞿夷釋女，於世尊所淨修梵行，身壞命終，生忉利天宮，即為我子。忉利諸天皆稱言：『瞿夷大天子有大功德，有大威力。』復有餘三比丘，於世尊所淨修梵行，身壞命終，生於卑下執樂神中，常日日來為我給使，瞿夷見已，以偈觸嬈曰：

汝為佛弟子，我本在家時，以衣食供養，禮拜致恭恪。
汝等名何人？躬受佛教誡；淨眼之所說，汝不觀察之。
我本禮敬汝，從佛聞上法；生三十三天，為帝釋作子。
汝等何不觀？我所有功德；本為女人身，今為帝釋子。
汝等本俱共，同修於梵行；今獨處卑賤，為吾等給使。
本為弊惡行，今故受此報；獨處於卑賤，為吾等給使。
生此處不淨，為他所觸嬈；聞已當患厭，此處可厭患。
從今當精勤，勿復為人使；二人勤精進，思惟如來法。
捨彼所戀著，觀欲不淨行；欲縛不真實，誑惑於世間。

如象離羈*絆，　超越忉利天；　釋及忉利天，　集法講堂上。
彼已勇猛力，　超越忉利天；　釋歎未曾有，　諸天亦見過。
此是釋迦子，　超越忉利天；　患厭於欲縛，　瞿夷說此言。
摩竭國有佛，　名曰釋迦文；　彼子*本失意，　其後還得念。
三人中一人，　故為執樂神；　二人見道諦，　超越忉利天。
世尊所說法，　弟子不懷疑；　俱共同聞法，　二人勝彼一。
自見殊勝已，　皆生光音天；　我觀見彼已，　故來至佛所。」

帝釋白佛言：「願開閑暇，一決我疑。」

佛言：「隨汝所問，吾當為汝一一演說。」

爾時帝釋即白佛言：「諸天、世人、乾沓和、阿*修羅及餘眾生等，盡與何結相應，乃至怨讎、刀杖相向？」

佛告⊙帝釋言：「怨結之生，皆由貪嫉，故使諸天、世人、阿*修羅、餘衆生等，刀杖相加。」

爾時帝釋卽白佛言：「實爾！世尊！怨結之生，由貪嫉故，使諸天、世人、阿*修羅、餘衆生等，刀杖相加。我今聞佛所說，疑網悉除，無復疑也。但不解此貪嫉之生，何由而起？何因何緣？誰為原首？從誰而有？從誰而無？」

佛告帝釋：「貪嫉之生，皆由愛憎。愛憎為因，愛憎為緣，愛憎為首，從此而有，無此則無。」

爾時帝釋卽白佛言：「實爾！世尊！貪嫉之生，皆由愛憎。愛憎為因，愛憎為緣，愛憎為首，從此而有，無此則無。我今聞佛所說，迷惑悉除，無復疑也。但不解愛憎復何由而生？何因何緣？誰為原首？從誰而有？從誰而無？」

佛告帝釋：「愛憎之生，皆由於欲。因欲緣欲，欲為原首，從此而有，無此則無。」

爾時帝釋白佛言：「實爾！世尊！愛憎之生，皆由於欲。因欲緣欲，欲為原首，從此而有，無此則無。我今聞佛所說，迷惑悉除，無復疑也。但不知此欲復何由⊙而生？何因何緣？誰為原首？從誰而有？從誰而無？」

佛告帝釋：「愛由想生，因想緣想，想為原首，從此而有，無此*卽無。」

爾時帝釋白佛言：「實爾！世尊！愛由想生，因想緣想，想為原首，從此而有，無此則無。我今聞佛所說，無復疑也。但不解想復何由而生？何因何緣？誰為原首？從誰而有？從誰而無？」

佛告帝釋：「想之所生，由於調戲。因調緣調，調為原首，從此而有，無此則無。帝釋！若無調戲則無想，無想則無欲，無欲則無愛憎，無愛憎則無貪嫉；若無貪嫉，則一切衆生不相傷害。帝釋！但緣調為本，因調緣調，調為原首，從此有想，從想有欲，從欲有愛憎，從愛憎有貪嫉；以貪嫉故，使群生等共相傷害。」

帝釋白佛言：「實爾！世尊！由調有想，因調緣調，調為原首，從此有想，由調而有，無調則無。若本無調者則無想，無想則無欲，無欲則無愛憎，無愛憎則無貪嫉，無貪嫉則一切群生不相傷害。但想由調生，因調緣調，調為原首，從調有想，從想有欲，從欲有愛憎，從愛憎有貪嫉，從貪嫉使一切眾生共相傷害。我今聞佛所說，迷惑悉除，無復疑也。」

爾時帝釋復白佛言：「一切沙門、婆羅門盡除調戲在滅迹耶？為不除調戲在滅迹耶？」

佛告帝釋：「一切沙門、婆羅門不盡除調戲在滅迹也。所以然者，帝釋！世間有種種界，眾生各依己界，堅固守持，不能捨離，謂己為實，餘者為虛。是故，帝釋！一切沙門、婆羅門不盡除調戲而在滅迹。」

爾時帝釋白佛言：「實爾！世尊！世間有種種衆生，各依己界，堅固守持，不能捨離，謂己為是，餘為虛妄，是故一切沙門、婆羅門不盡除調戲而在滅迹。我聞佛言，疑惑悉除，無復疑也。」

帝釋復白佛言：「齊幾調在滅迹耶？」

佛告帝釋：「調戲有三：一者、口，二者、想，三者、求。彼口所言，自害、害他，亦二俱害。捨此言已，如所言，不自害、不害他，不二俱害，知時比丘如口所言，專念不亂。想亦自害、害他，亦二俱害。捨此想已，如所想，不自害、不害他，二俱不害，知時比丘如所想，專念不亂。帝釋！求亦自害、害他，亦二俱害。捨此求已，如所求，不自害、不害他，不二俱害，知時比丘如所求，專念不亂。」

爾時釋提桓因言：「我聞佛所說，無復狐疑。」

又白佛言：「齊幾名賢聖捨心？」

佛告帝釋：「捨心有三：一者、喜身，二者、憂身，三者、捨身。◦帝釋！彼喜身者，自害、害他，亦二俱害。捨此喜已，如所喜，不自害、⊙不害他，二俱不害，知時比丘專念不忘，即名受具足戒。帝釋！彼憂身者，自害、害彼，亦二俱害。捨此憂已，如所憂，不自害、⊙不害他，二俱不害，知時比丘專念不忘，即名受具足戒。復次，帝釋！彼捨身者，自害、害他，亦二俱害。捨此身已，如所捨，不自害、不害他，二俱不害，知時比丘專念不忘，是即名為受具足戒。」

帝釋白佛言：「我聞佛所說，無復狐疑。」

又白佛言：「齊幾名賢聖律諸根具足？」

佛告帝釋：「眼知色，我說有二：可親、不可親。耳聲、鼻香、舌味、身觸、意法，我說有二：可親、不可親。」

爾時帝釋白佛言：「世尊！如來略說，未廣分別，我以具解。眼知色，我說有二：可親、不可親。耳聲、鼻香、舌味、身觸、意法有二：可親、不可親。世尊！如眼觀色，善法損減，不善法增，如此眼知色，我說不可親；耳聲、鼻香、舌味、身觸、意知法，善法損減，不善法增，我說不可親。世尊！如眼見色，善法增長，不善法減，如是眼知色，我說可親；耳聲、鼻香、舌味、身觸、意知法，善法增長，不善法滅，我說可親。」

佛告帝釋：「善哉！善哉！是名賢聖律諸根具足。」

帝釋白佛言：「我聞佛所說，無復狐疑。」

復白佛言：「齊幾比丘名為究竟，究竟梵行，究竟安隱，究竟無餘？」

佛告帝釋：「為愛所苦身得*滅者，是為究竟，究竟梵行，究竟安隱，究竟無餘。」

帝釋白佛言：「我本長夜所懷疑網，今者如來開發所疑。」

佛告帝釋：「汝昔頗曾詣沙門、婆羅門所問此義不？」

帝釋白佛言：「我自憶念，昔者曾詣沙門、婆羅門所諮問此義。

昔我一時曾集講堂，與諸天眾共論：『如來為當出世？為未出世？』時共推求，不見如來出現于世，各自還宮，五欲娛樂。世尊！我復於後時見諸大神天，自恣五欲已，漸各命終。時我，世尊！懷大恐怖，衣毛為竪。時見沙門、婆羅門處在閑靜，去家離欲，我尋至彼所問言：『云何名究竟？』我問此義，彼不能報。彼既不知，逆問我言：『汝為是誰？』我尋報言：『我是釋提桓因。』彼復問言：『汝是何釋？』我時答言：『我是天帝釋，心有所疑，故來相問耳。』時我與彼如所知見，說於釋義。彼*聞我言，更為我弟子，我今是佛弟子，得須陀洹道，不墮餘趣，極七往返，必成道果，唯願世尊記我為斯陀含！」說此語已，復作頌曰：

由彼染穢想，　故生我狐疑；　長夜與諸天，　推求於如來。
見諸出家人，　常在閑靜處；　謂是佛世尊，　故往稽首言。
我今故來問，　云何為究竟？　問已不能報，　道迹之所趣。
今日無等尊，　是我久所求；　已觀察已行，　心已正思惟。
唯聖先已知，　我心之所行；　長夜所修業，　願淨眼記之。
*歸命人中上，　三界無極尊；　能斷恩愛刺，　今禮日光尊。

佛告帝釋：「汝憶本得喜樂、念樂時不？」

帝釋答曰：「如是，世尊！憶昔所得喜樂、念樂。世尊！我昔曾與阿須輪共戰，我時得勝，阿須輪退，我時則還，得歡喜、念樂，計此歡喜、念樂，*唯有穢惡刀杖喜樂、鬪訟喜樂。今我於佛所得喜、念樂，無有刀杖、諍訟之樂。」

佛告帝釋：「汝今得喜樂、念樂，於中欲求何功德果？」

爾時帝釋白佛言：「我於喜樂、念樂中，欲求五功德果。何等五？」即說偈言：

我後若命終，　捨於天上壽；　處胎不懷患，　使我心歡喜。
佛度未度者，　能說正真道；　於三佛法中，　我要修梵行。
以智慧身居，　心自見正諦；　得達本所起，　於是長解脫。
但當勤修行，　習佛真實智；　設不獲道證，　功德猶勝天。
諸有神妙天，　阿迦尼吒等；　下至末後身，　必當生彼處。
我今於此處，　受天清淨身；　復得增壽命，　淨眼我自知。

說此偈已，白佛言：「我於喜樂、念樂中，欲得如是五功德果。」

爾時帝釋語忉利諸天曰：「汝於忉利天上梵童子前恭敬禮事，今於佛前復設此敬者，不亦善哉！」

其語未久，時梵童子忽然於虛空中天衆上立，向天帝釋而說偈曰：

天王清淨行，　多利益衆生；
摩竭帝釋主，　能問如來義。

時梵童子說此偈已，忽然不現。是時帝釋卽從座起，禮世尊足，遶佛三匝，卻行而退。忉利諸天及般遮翼亦禮佛足，卻行而退。時天帝釋少復前行，顧語般遮翼曰：「善哉！善哉！汝能先於佛前鼓琴娛樂，然後我及諸天於後方到。我今知汝補汝父位，於乾沓和中最為上首，當以彼*跋陀乾沓和王女與汝為妻。」

世尊說此法時，八萬四千諸天遠塵離垢，諸法法眼生。
時釋提桓因、忉利諸天及般遮翼聞佛所說，歡喜奉行。

佛說長阿含經卷第十

佛說長阿含經卷第十一

後秦弘始年佛陀耶舍共竺佛念譯

（一五）第二分阿㝹夷經第十一

如是我聞：一時，佛在冥寧國阿㝹夷土，與大比丘衆千二百五十人俱。

爾時世尊著衣持鉢，入阿㝹夷城乞食。爾時世尊默自念言：「我今乞食，於時如早，今宜往詣房伽婆梵志園觀。比◎丘須時至，然後乞食。」

爾時世尊卽詣彼園，時彼梵志遙見佛來，卽起奉迎，共相問訊言：「善來，瞿曇！不面來久。今以何緣乃能屈顧？唯願瞿曇就此處坐！」

爾時世尊卽就其*座。時彼梵志於一面坐，白世尊言：「先夜隸車子善宿比丘來至我所，語我言：『大師！我不於佛所修梵行也。所以然者，佛疎外我。』彼人見向說瞿曇過，雖有此言，我亦不受。」

佛告梵志：「彼善宿所言，知汝不受耳。昔我一時在毗舍離獼猴池側集法堂上，時此善宿來至我所，語我言：『如來外我，我不於如來所修梵行也。』

「我時告曰：『汝何故言：我不於如來所修梵行，如來外我耶？』

「善宿報我言：『如來不為我現神足變化。』

「時我語言：『吾可請汝於我法中淨修梵行，當為汝現神足耶？*汝復曾☆語我：如來當為我現神足變化，然後我當修梵行耶？』

「時善宿報我言：『不也，世尊！』

「佛告善宿：『我亦不語汝言：汝於我法中淨修梵行，當為汝現神足變化。汝亦不言為我現神足者，當修梵行。云何，善宿！如汝意者，謂如來能現神足，為不能現耶？我所說法，彼法能得出要，盡苦際不耶？』

「善宿白佛言：『如是，世尊！如來能現神足，非為不能。所可說法，能得出要，盡諸苦際，非為不盡。』

「『是故，善宿！我所說法修梵行者，能現神足，非為不能·，出要離苦，非不能離。汝於此法欲何所求？』

「善宿言：『世尊！不能隨時教我，我父祕術，世尊盡知，恪不教我。』

「佛言：『善宿！我頗曾言：汝於我法中修梵行者，教汝父術耶？汝頗復言：教我父術者，當於佛所修梵行耶？』

「答曰：『不也。』

「『是故，善宿！我先無此言，汝亦無言，今者何故作此語耶？云何，善宿！汝謂如來能說汝父祕術，為不能說耶？所可說法，能得出要，盡苦際不耶？』

「善宿報言：『如來能說父之祕術，非為不能。說法出要，能盡苦際，非為不能。』

「佛告善宿：『若我能說汝父祕術，亦能說法出要離苦，汝於我法中復欲何求？』

「又告善宿：『汝先於毗舍離跋闍土地，無數方便，稱歎如來，稱歎正法，稱歎衆僧。譬如有人八種稱歎彼清涼池，使人好樂：一、冷，二、輕，三、柔，四、清，五、甘，六、無垢，七、飲無饜，八、便身。汝亦如是，於毗舍離跋闍土，稱歎如來，稱歎正法，稱歎衆僧，使人信樂。善宿！當知今汝退者，世間當復有言：善宿比丘多有知識，又是世尊所親，亦是世尊弟子，不能盡形淨修梵行，捨戒就俗處卑陋行。』

「梵志！當知我時備語，不順我教，捨戒就俗。

「梵志！一時我在獼猴池側法講堂上，時有尼乾子，字伽羅樓，在彼處止，人所宗敬，名稱遠聞，多有知識，利養備具。時善宿比丘著衣持鉢，入毗舍離城乞食，漸漸轉到尼乾子所。爾時善宿以深遠義問尼乾子，彼不能答便生瞋恚。善宿自念：『我觸嬈此人，將無長夜有苦惱報耶？』

「梵志！當知時善宿比丘於乞食後，執持衣鉢來至我所，頭面禮足在一面坐。善宿爾時亦不以此緣告我。我語之曰：『愚人！汝寧可自稱為沙門釋子耶？』

「善宿尋報我言：『世尊！何故稱我為愚？不應自稱為釋子耶？』

「我告之曰：『愚人！汝曾往至尼乾子所問深遠義，彼不能報便生瞋恚。汝時自念：我今觸此尼乾，將無長夜有苦惱報耶？汝有是念不？』

「善宿白佛言：『彼是羅漢，何緣乃有此嫉恚心？』

「我時答曰：『愚人！羅漢何緣有嫉恚心？非我羅漢有嫉恚心，汝今自謂彼是羅漢，彼有七苦行，長夜執持。何謂七？一、盡形壽不著衣裳。二、盡形壽不飲酒食肉，而不食飯及與麨麵。三、盡形壽不犯梵行。四、盡形壽毗舍離有四石塔，東名憂園塔、南名象塔、西名多子塔、北名七聚塔，盡形不離四塔，為四苦行。而彼後當犯此七苦行已，於毗舍離城外命終。譬如野干疥癩衰病，死丘塚間，彼尼乾子亦復如是，自為禁法後盡犯之。本自誓言盡形不著衣服，後還著衣。本自誓言盡形壽不飲酒噉肉，不食飯及𪍿麵，而後盡食。本自誓言不犯梵行，而後亦犯。本言不越四塔，東憂園塔、南象塔、西多子塔、北七聚塔，今盡遠離不復親近。彼人自違此七誓已，出毗舍離城，塚間命終。』

「佛告善宿曰：『愚人！汝不信我言，汝自往觀，自當知耳。』」

佛告梵志：「一時比丘善宿著衣持鉢，入城乞食。乞食已還出城，於空塚間見尼乾子於彼命終。見已來至我所，頭面禮足在一面坐，不以此事而語我言。

「梵志！當知我爾時語善宿曰：『云何，善宿！我先所記尼乾子如我語不？』

「對曰：『如是，如世尊言。』

「梵志！當知我與善宿現神通證，而彼言世尊不為我現。

「又一時我在冥寧國白土之邑，時有尼乾子，名究羅帝，在白土住，人所宗敬，名稱遠聞，多得利養。時我著衣持鉢，入城乞食，時善宿比丘隨我後行，見究羅帝尼乾子在糞堆上伏舐糠糟。

「梵志！當知時善宿比丘見此尼乾子在糞堆上伏舐糠糟已，作是念言：『世間諸有阿羅漢、向阿羅漢道者無有及此，此尼乾子其道最勝。所以者何？此人苦行乃能如是，除捨憍慢，於糞堆上伏舐糠糟。』

「梵志！時我右旋告善宿曰：『汝①愚人！寧可自稱為釋子耶？』

「善宿白佛言：『世尊！何故稱我為愚？不應自稱為釋子耶？』

「佛告善宿言：『汝愚人！觀此究羅帝蹲糞堆上伏食糠糟，汝見已作是念：諸世間阿羅漢及向⊙阿羅漢者，此究羅帝最為尊上。所以者何？今此究羅帝乃能苦行，除捨憍慢，蹲糞堆上伏舐糠糟。汝有是念不？』

「答我言：『實爾。』

「善宿又言：『何故世尊於阿羅漢所生嫉妬心？』

「佛告愚人：『我不於羅漢所生*嫉妬☆心，何為於羅漢所生*嫉妬☆心？汝今愚人！謂究羅帝真阿羅漢，此人却後七日當腹脹命終，生起屍餓鬼中，常苦飢餓，其命終後，以葦索繫抴於塚間。汝若不信者，可先往語之。』

「時善宿卽往詣究羅帝所，說言：『彼沙門瞿曇記汝：却後七日當腹脹命終，生起屍餓鬼中，死已以葦索繫抴於塚間。』

「善宿復白：「汝當省食，勿使彼言當也。』

「梵志！當知時究羅帝至滿七日腹脹而死，卽生起屍餓鬼中，死屍以葦索繫抴於塚間。

「爾時善宿聞佛語已，屈指計日至七日已，時善宿比丘卽往至裸形村中，到已問其村人曰：『諸賢！究羅帝今何所在？』

「報曰：『已取命終。』

「問曰：『何患命終耶？』

「答曰：『腹脹。』

「問曰：『云何殯送？』

「答曰：『以葦索繫抴於塜間。』

「梵志！時善宿聞此語已，卽往塜間。欲至未至，時彼死屍竝動膝腳，忽爾而蹲，時彼善宿故前到死屍所，語言：『究羅帝！汝命終耶？』

「死屍答言：『我已命終。』

「問曰：『汝以何患命終？』

「死屍答言：『瞿曇記我：七日後腹脹命終。我如其言，至滿七日，腹脹命終。』
「善宿復問：『汝生何處？』
「屍卽報言：『彼瞿曇所記：當生起屍餓鬼中。我今日生起屍餓鬼中。』
「善宿問曰：『汝命終時，云何殯送？』
「屍答曰：『瞿曇所記：以葦索繫抴於塚間。實如彼言，以葦索繫抴於塚間。』
「時死屍語善宿曰：『汝雖出家，不得善利。瞿曇沙門說如此事，汝常不信。』作是語已，死屍還臥。
「梵志！時善宿比丘來至我所，頭面禮足，在一面坐，不以此緣語我。我尋語曰：『如我所記，究羅帝者實爾以不？』

「答曰：『實爾，如世尊言。』

「梵志！我如是數數為善宿比丘現神通證，而彼猶言世尊不為我現神通。」

佛告梵志：「我於一時在獼猴池法講堂上，時有梵志，名曰波梨子，在彼處止，人所宗敬，名稱遠聞，多有利養，於毗舍離大眾之中，作如是說：『沙門瞿曇自稱智慧，我亦智慧。沙門瞿曇自稱神足，我亦有神足。沙門瞿曇得超越道，我亦得超越道。我當與彼共現神足，沙門現一，我當現二；沙門現二，我當現四；沙門現八，我現十六；沙門現十六，我現三十二；沙門現三十二，我現六十四。隨彼沙門所現多少，我盡當倍。』

「梵志！時善宿比丘著衣持鉢，入城乞食，見波梨梵志於大衆中作如是說：『沙門瞿曇自稱智慧，我亦智慧。沙門瞿曇自稱神足，我亦有神足。沙門瞿曇得超越道，我亦得超越道。我當與彼共現神足，沙門現一，我當現二；沙門現四，我當現八；乃至隨沙門所現多少，我盡能倍。』

「時善宿比丘乞食已，來至我所，頭面禮一面坐，語我言：『我於晨朝著衣持鉢，入城乞食，時聞毗舍離波梨子於大衆中作是說言：沙門瞿曇有大智慧，我亦有大智慧。沙門瞿曇有神足，我亦有神足。瞿曇現一，我當現二；乃至隨瞿曇所現多少，我盡能倍。』

「具以此事而來告我，我語善宿言：『彼波梨子於大衆中不捨此語，不捨此見，不捨此慢，來至我所者，終無是處。若彼作是念：我不捨此語，不捨此見，不捨此慢，而至沙門瞿曇所者，彼頭即當破為七分。欲使彼人不捨此語，不捨見慢，而能來者，無有是處。』

「善宿言：『世尊護口，如來護口。』

「佛告善宿：『汝何故言：世尊護口，如來護口？』

「善宿言：『彼波梨子有大威神，有大德力，脫當來者將無*見世尊虛耶？』

「佛告善宿：『如來所言頗有二耶？』

「對曰：『無也。』

「又告善宿：『若無二者，汝何故言：世尊護口，如來護口？』

「善宿白佛言：『世尊為自知見彼波梨子？為諸天來語？』

「佛言：『我亦自知，亦諸天來語故知。此毗舍離阿由大將，身壞命終，生忉利天，彼[1]來語我言：波梨梵志子不知羞慚，犯戒妄語，在毗舍離，於大眾中作如是誹謗言：阿由陀大將身壞命終，生起屍鬼中。然我實身壞命終，生忉利天。波梨子我先自知，亦諸天來語故知。』

「佛告愚人善宿：『汝不信我言者，入毗舍離，隨汝唱之，我食後當往詣波梨梵志子所。』」

佛告梵志：「時彼善宿過其夜已，著衣持鉢，入城乞食。時彼善宿向毗舍離城中衆多婆羅門、沙門、梵志，具說此言：『波梨梵志子於大衆中說如此言：沙門瞿曇有大智慧，我亦有大智慧。沙門瞿曇有大威力，我亦有大威力。沙門瞿曇有大神足，我亦有大神足。沙門現一，我當現二；乃至沙門隨所現多少，我盡當倍。而今沙門瞿曇欲詣彼波梨子所，汝等衆人盡可詣彼。』

「時波梨梵志在道而行，善宿見已，速詣其所，語言：『汝於毗舍離大衆中作如是言：沙門瞿曇有大智慧，我亦有大智慧。乃至沙門瞿曇，隨所現神足多少，我盡當倍。瞿曇聞此言，今欲來至汝所，汝可速歸。』

「報言：『我當歸耳！我當歸耳！』

「作此語已，尋自惶懼，衣毛為竪，不還本處，乃詣道頭波梨梵志林中，坐繩床上，愁悶迷亂。」

佛告梵志：「我於食後與眾多隸車、沙門、婆羅門、梵志、居士詣波梨子住處，就座而坐。於彼眾中有梵志名曰遮羅，時眾人喚彼遮羅而告之曰：『汝詣道頭林中語波梨子言：今眾多隸車、沙門、婆羅門、梵志、居士盡集汝林。眾共議言：梵志波梨⊙子於大眾中自唱此言：沙門瞿曇有大智慧，我亦有大智慧。乃至瞿曇隨現神足多少，我盡能倍。沙門瞿曇故來至汝林中，汝可來看。』

「於是遮羅聞眾人語已，即詣道頭林語波梨子言：『彼眾多隸車、沙門、婆羅門、梵志、居士盡集在汝林，眾共議言：梵志波梨子於大衆中自唱此言：沙門瞿曇有大智慧，我亦有大智慧。乃至沙門瞿曇現神足，隨現多少，我盡能倍。瞿曇今在彼林中，波梨今者寧可還也？』

「爾時波梨梵志即報遮羅曰：『當歸！當歸！』

「作是語已，於繩床上轉側不安。爾時繩床復著其足，彼乃不能得離繩床，況能行步至世尊所！

「時遮羅語波梨言：『汝自無智，但有空聲為言：當歸！當歸！尚自不能離此繩床，何由能得至大衆所？』

「呵責波梨子已，即還詣大衆所，報言：『我以持衆人聲，往語波梨子。彼報我言：當歸！當歸！即於繩床上動轉其身，床即著足不能得離。彼尚不能離其繩床，何由能得來到此衆？』

「爾時有一頭摩隸車子在衆中坐，即從座起偏露右臂，長跪叉手白彼衆言：『大衆小待，我今自往將彼人來！』」

佛言：「我爾時語頭摩隸車子言：『彼人作如是語，懷如是見，起如是慢，欲使此人來至佛所，無有是處。頭摩子！正使汝以革繩重繫，群牛共挽，至彼身碎，彼終不能捨如是語、如是見、如是慢，來至我所。若不信我言，汝往自知。』

「爾時頭摩隸車子故往至波梨子所，語波梨子言：『衆多隸車、沙門、婆羅門、梵志、居士盡集汝林，衆共議言：梵志波梨子於大衆中口自唱言：沙門瞿曇有大智慧，我亦有大智慧。乃至沙門瞿曇現其神足，隨所現多少，我盡能倍。瞿曇沙門今在彼林，汝可還歸。』

「爾時波梨子卽報言：『當歸！當歸！』

「作是語已，於繩床上動轉其身，爾時繩床復著其足，彼乃不能自離繩床，況復行步至世尊所！

「時頭摩語波梨子言：『汝自無智，但有空聲為言：當歸！當歸！尚自不能離此繩床，何由能得至大眾所？』

「頭摩復語波梨子曰：『諸有智者，以譬喻得解。乃往久遠有一師子獸王在深林中住，師子清旦初出窟時，四向顧望奮迅三吼，然後遊行擇肉而食。波梨子！彼師子獸王食已還林，常有一野干隨後食殘，氣力充足便自言：彼林⊙中師子竟是何獸，能勝我耶？⊙我今寧可獨擅一林，清旦出窟，四向顧望。奮迅三吼，然後遊行。擇肉而食耶？

彼尋獨處一林，清旦出窟奮迅三吼，然後遊行。欲學師子吼，而作野干鳴。波梨子！汝今亦爾，蒙佛威恩，存生於世，得人供養，而今更與如來共競。』

「時頭摩子以偈責數曰：

野干稱師子，　自謂為獸王；　欲作師子吼，　還出野干聲。
獨處於空林，　自謂為獸王；　欲作師子吼，　還出野干聲。
跪地求穴鼠，　穿塚覓死屍；　欲作師子吼，　還出野干聲。

「頭摩子告曰：『汝亦如是，蒙佛恩力，存生於世，得人供養，而今更與如來共競。』

「時彼頭摩子以四種喻，面呵責已，還詣大眾，報言：『我以持衆人聲喚波梨子，彼報我言：當歸！當歸！即於繩床上動轉其身，床即著足不能得離。彼尚不能自離繩床，何由能得來到此衆？』

「爾時世尊告頭摩子言：『我先語汝，欲使此人來至佛所，無有是處。正使汝以革繩重繫，群牛共挽，至身碎壞，彼終不肯捨如是語、如是見、慢，來至我所。』

「梵志！時我即與彼大衆種種說法，示教利喜，於彼衆中三師子吼，身昇虛空，還詣本處。」

佛告梵志：「或有沙門、婆羅門：『一切世間，梵自在天所造。』

「我問彼言：『一切世間實梵自在天所造耶？』

「彼不能報，還問我言：『瞿曇！此事云何？』

「我報彼言：『或有此世間初壞敗時，有餘眾生命盡行盡，從光音天命終乃更生餘空梵處，於彼起愛，生樂著心，復欲使餘眾生來生此處。其餘眾生命盡行盡，復生彼處。時彼眾生自作是念：我今是大梵王，忽然而有，無作我者。我能盡達諸義所趣，於千世界最得自在，能作能化，微妙第一，為人父母。我先至此獨一無侶，由我力故有此眾生，我作此眾生。彼餘眾生亦復順從，稱為梵王，忽然而有，盡達諸義，於千世界最得自在，能作能化，微妙第一，為人父母，先有是一，後有我等，此大梵王化作我等。此諸眾生隨彼壽終來生此間，其漸長大，剃除鬚髮，服三法衣，出家為道。彼入定意三昧，隨三昧心憶本所生，彼作是語：此大梵天忽然而有，無有作者，盡達諸義，於千世界最得自在，能作能化，微妙第一，為人父母。彼大梵天常住不移，無變易法，我等梵天所化，是以無常，不得久住，為變易法。』

「如是，梵志！彼沙門、婆羅門以此緣故，各言彼梵自在天造此世界。梵志！造此世界者，非彼所及，唯佛能知。又過此事，佛亦盡知，雖知不著苦、集、滅、味、過、出要，如實知之，以平等觀無餘解脫，名曰如來。」

佛告梵志：「或有沙門、婆羅門作是言：『戲笑懈怠是眾生始。』

「我語彼言：『云何汝等實言：戲笑懈怠是眾生始耶？』

「彼不能報，逆問我言：『瞿曇！此事云何？』

「時我報言：『或有光音眾生喜戲笑懈怠，身壞命終，來生此間，漸漸長大，剃除鬚髮，服三法衣，出家修道，⊙彼便入心定三昧，以三昧力識本所生，便作是言：彼餘眾生不喜戲笑，常在彼處，永住不變。由我等數喜戲笑，致此無常，為變易法。』

「如是，梵志！彼沙門、婆羅門以是緣故，言戲笑是眾生始，如是佛盡知之，過是亦知，知而不著，已不著苦、集、滅、味、過、出要，如實知之，已平等觀無餘解脫，名曰如來。」

佛告梵志：「或有沙門、婆羅門言：『失意是眾生始。』

「我語彼言：『汝等實言：失意是眾生始耶？』

「彼不知報，還問我言：『瞿曇！此事云何？』

「我語彼言：『或有眾生展轉相看已，便失意，由是命終，來生此間，漸漸長大，剃除鬚髮，服三法衣，出家修道，便入心定三昧，以三昧力識本所生，便作是言：如彼眾生以不展轉相看，不失意故，常住不變。我等於彼數數相看已，便失意，致此無常，為變易法。』

「如是，梵志！彼沙門、婆羅門以是緣故，言失意是眾生始，如此唯佛知之，過是亦知，知已不著苦、集、滅、味、過、出要，如實知之，[1]已平等觀無餘解脫，故名如來。」

佛告梵志：「或有沙門、婆羅門言：『我無因而出。』

「我語彼言：『汝等實言：本無因出耶？』

「彼不能報，逆來問我，我時報曰：『或有眾生無想無知，若彼眾生起想，則便命終來生此間，漸漸長大，剃除鬚髮，服三法衣，出家修道，便入心定三昧，以三昧力識本所生，便作是言：我本無有，今忽然有；此世間本無，今有，此實餘虛。』

「如是，梵志！沙門、婆羅門以此緣故，言無因出，唯佛知之，過是亦知，知已不著苦、集、滅、味、過、出要，如實知之，已平等觀無餘解脫，故名如來。」

佛告梵志：「我所說如是，或有沙門、婆羅門於屏處誹謗我言：『沙門瞿曇自稱弟子入淨解脫，成就淨行，彼知清淨，不遍知淨。』然我不作是說：『我弟子入淨解脫，成就淨行，彼知清淨，不遍知淨。』梵志！我自言：『我弟子入淨解脫，成就淨行，彼知清淨，一切遍淨。』」

是時梵志白佛言：「彼不得善利，毀謗沙門瞿曇言：『沙門自言：我弟子入淨解脫，成就淨行，彼知清淨，不遍知淨。』然世尊不作是語，世尊自言：『我弟子入淨解脫，成就淨行，彼知清淨，一切遍淨。』」

又白佛言：「我亦當入此淨解脫，成就淨行，一切遍知。」

佛告梵志：「汝欲入者，甚為難也。汝見異、忍異、行異，欲依餘見入淨解脫者，難可得也。但使汝好樂佛心不斷絕者，則於長夜常得安樂。」

爾時房伽婆梵志聞佛所說，歡喜奉行。

（一六）佛說長阿含第二分善生經第十二

如是我聞：一時，佛在羅閱祇耆闍崛山中，與大比丘衆千二百五十人俱。

爾時世尊時到著衣持鉢，入城乞食。時羅閱祇城內有長者子，名曰善生，清旦出城詣園遊觀，初沐浴訖舉身皆濕，向諸方禮，東、西、南、北、上、下諸方，皆悉周遍。

爾時世尊見長者⊙子善生詣園遊觀，初沐浴訖舉身皆濕，向諸方禮。世尊見已，即詣其所，告善生言：「汝以何緣，清旦出城，於園林中，舉身皆濕，向諸方禮？」

爾時善生白佛言：「我父臨命終時，遺勅我言：『汝欲禮者，當先禮東方，南方、西方、北方、上方、下方。』我奉承父教不敢違背，故澡浴訖，先叉手東面，向東方禮。南、西、北方，上、下諸方，皆悉周遍。」

爾時世尊告善生曰：「長者子！有此方名耳，非為不有。然我賢聖法中，非禮此六方以為恭敬。」

善生白佛言：「唯願世尊善為我說賢聖法中禮六方法！」

佛告長者子：「諦聽！諦聽！善思念之，當為汝說。」

善生對曰：「唯然，願樂欲聞！」

佛告善生：「若長者、長者子知四結業，不於四處而作惡行，又復能知六損財業，是謂，善生！⊙若長者、長者子離四惡行，禮敬六方。今世亦善，後獲善報，今世根基，後世根基，於現法中智者所稱，獲世一果，身壞命終生天、善處。善生！當知四結行者：一者、殺生，二者、盜竊，三者、婬逸，四者、妄語，是四結行。云何為四處？一者、欲，二者、恚，三者、怖，四者、癡。若長者、長者子於此四處而作惡者，則有損耗。」

佛說是已，復作頌曰：

欲瞋及怖癡，　有此四法者；　名譽日損減，　如月向于晦。

佛告善生：「若長者、長者子於此四處不為惡者，則有增益。」

爾時世尊重作頌曰：

於欲恚怖癡， 不為惡行者； 名譽日增廣， 如月向上滿。

佛告善生：「六損財業者：一者、耽湎於酒，二者、博戲，三者、放蕩，四者、迷於伎樂，五者、惡友相得，六者、懈墮，是為六損財業。善生！若長者、長者子解知四結行，不於四處而為惡行，復知六損財業，是*謂，善生！於四處得離，供養六方。今善後善，今世根基，後世根基，於現法中智者所譽，獲世一果，身壞命終生天、善處。

「善生！當知飲酒有六失：一者、失財，二者、生病，三者、鬪諍，四者、惡名流布，五者、恚怒暴生，六者、智慧日損。善生！若彼長者、長者子飲酒不已，其家產業日日損減。

「善生！博戲有六失，云何為六？一者、財產日耗，二者、雖勝生怨，三者、智者所責，四者、人不敬信，五者、為人疎外，六者、生盜竊心。善生！是為博戲六失。若長者、長者子博戲不已，其家產業日日損減。

「放蕩有六失：一者、不自護身，二者、不護財貨，三者、不護子孫，四者、常自驚懼，五者、諸苦惡法常自纏身，六者、喜生虛妄，是為放蕩六失。若長者、長者子放蕩不已，其家財產日日損減。

「善生！迷於伎樂復有六失：一者、求歌，二者、求舞，三者、求琴瑟，四者、波內早，五者、多羅槃，六者、首呵那，是為伎樂六失。若長者、長者子伎樂不已，其家財產日日損減。

「惡友相得復有六失：一者、方便生欺，二者、好喜屏處，三者、誘他家人，四者、圖謀他物，五者、財利自向，六者、好發他過，是為惡友六失。若長者、長者子習惡友不已，其家財產日日損減。

「懈墮有六失：一者、富樂不肯作務，二者、貧窮不肯勤修，三者、寒時不肯勤修，四者、熱時不肯勤修，五者、時早不肯勤修，六者、時晚不肯勤修，是為懈墮六失。若長者、長者子懈墮不已，其家財業日日損減。」

佛說是已，復作頌曰：

迷惑於酒者，　還有酒伴黨；
財產正集聚，　隨*已復散盡。
飲酒無節度，　常喜歌舞戲；
晝出遊他家，　因此自陷*墜。
隨惡友不改，　誹謗出家人；
邪見世所嗤，　行穢人所黜。

好惡著外色，　但論勝負事；　親要無返復，　行穢人所黜。
為酒所荒迷，　貧窮不自量；　輕財好奢用，　破家致禍患。
擲博群飲酒，　共伺他婬女；　翫習卑鄙行，　如月向於晦。
行惡能受惡，　與惡友同事；　今世及後世，　終始無所獲。
晝則好睡眠，　夜覺多悕望；　獨昏無善友，　不能修家務。
朝夕不肯作，　寒暑復懈墮；　所為事不究，　亦復毀成功。
若不計寒暑，　朝夕勤修務；　事業無不成，　至終無憂患。

佛告善生：「有四怨如親，汝當覺知。何謂為四？一者、畏伏，二者、美言，三者、敬順，四者、惡友。」

佛告善生：「畏伏有四事，云何為四？一者、先與後奪，二者、與少望多，三者、畏故強親，四者、為利故親，是為畏伏四事。」

佛告善生：「美言親復有四事，云何為四？一者、善惡斯順，二者、有難捨離，三者、外有善來密⊙遮止之，四者、見有危事便排*擠之，是為美言親四事。

「敬順親復有四事，云何為四？一者、先誑，二者、後誑，三者、現誑，四者、見有小過便加杖之，是為敬順親四事。

「惡友親復有四事，云何為四？一者、飲酒時為友，二者、博戲時為友，三者、婬逸時為友，四者、歌舞時為友，是為惡友親四事。」

世尊說此已，復作頌曰：

畏伏而強親，　美言親亦爾；　敬順虛誑親，　惡友為惡親。

此親不可恃，　智者當覺知；　宜速遠離之，　如避于嶮道。

佛告善生：「有四親可親，多所饒益，為人救護。云何為四？一者、止非，二者、慈愍，三者、利人，四者、同事，是為四親可親，多所饒益，為人救護，當親近之。

「善生！①止非有四事，多所饒益，為人救護。云何為四？一者、見人為惡則能遮止，二者、示人正直，三者、慈心愍念，四者、示人天路，是為四止非，多所饒益，為人救護。

「復次，慈愍有四事：一者、見利代喜，二者、見惡代憂，三者、稱譽人德，四者、見人說惡便能抑制，是為四慈愍，多所饒益，為人救護。

「利益有四，云何為四？一者、護彼不令放逸，二者、護彼放逸失財，三者、護彼使不恐怖，四者、屏相教誡，是為四利人，多所饒益，為人救護。

「同事有四，云何為四？一者、為彼不惜身命，二者、為彼不惜財寶，三者、為彼濟其恐怖，四者、為彼屏相教誡，是為四同事，多所饒益，為人救護。」

世尊說是已，復作頌曰：

制非防惡親，　慈愍*存他親；　利人益彼親，　同事齊己親。
此親乃可親，　智者所附近；　親中無等親，　如慈母親子。
若欲親可親，　當親堅固親；　親者戒具足，　如火光照人。

佛告善生：「當知六方，云何為六方？父母為東方，師長為南方，妻婦為西方，親黨為北方，僮僕為下方，沙門、婆羅門、諸高行者為上方。

「善生！夫為人子，當以五事敬順父母。云何為五？一者、供奉能使無乏，二者、凡有所為先白父母，三者、父母所為恭順不逆，四者、父母正令不敢違背，五者、不斷父母所為正業。善生！夫為人子，當以此五事敬順父母。

「父母復以五事敬*視其子。云何為五？一者、制子不聽為惡，二者、指授示其善處，三者、慈愛入骨徹髓，四者、為子求善婚娶，五者、隨時供給所須。善生！子於父母敬順恭奉，則彼方安隱，無有憂畏。

「善生！弟子敬奉師長復有五事。云何為五？一者、給侍所須，二者、禮敬供養，三者、尊重戴仰，四者、師有教勅敬順無違，五者、從師聞法善持不忘。善生！夫為弟子當以此五法敬事師長。

「師長復以五事敬視弟子。云何為五？一者、順法調御，二者、誨其未聞，三者、隨其所問令善解義，四者、示其善友，五者、盡以所知誨授不悋。善生！弟子於師長敬順恭奉，則彼方安隱，無有憂畏。

「善生！夫之敬妻亦有五事。云何為五？一者、相待以禮，二者、威嚴不*闕，三者、衣食隨時，四者、莊嚴以時，五者、委付家內。善生！夫以此五事敬待於妻。

「妻復以五事恭敬於夫。云何為五？一者、先起，二者、後坐，三者、和言，四者、敬順，五者、先意承旨。善生！是為夫之於妻敬待，如是則彼方安隱，無有憂畏。

「善生！夫為人者，當以五事親敬親族。云何為五？一者、給施，二者、善言，三者、利益，四者、同利，五者、不欺。善生！是為五事親敬親族。

「親族亦以五事親敬於人。云何為五？一者、護放逸，二者、護放逸失財，三者、護恐怖[1]，四者、屏相教誡，五者、常相稱歎。善生！如是敬視親族，則彼方安隱，無有憂畏。

「善生！主於僮使以五事教授。云何為五？一者、隨能使役，二者、飲食隨時，三者、賜勞隨時，四者、病與醫藥，五者、縱其休假。善生！是為五事教授僮使。

「僮使復以五事奉事其主。云何為五？一者、早起，二者、為事周密，三者、不與不取，四者、作務以次，五者、稱揚主名。是為主待僮使，則彼方安隱，無有憂畏。

「善生！檀越當以五事供奉沙門、婆羅門。云何為五？一者、身行慈，二者、口行慈，三者、意行慈，四者、以時施，五者、門不制止。善生！若檀越以此五事供奉沙門、婆羅門。

「沙門、婆羅門當復以六事而教授之。云何為六？一者、防護不令為惡，二者、指授善處，三者、教懷善心，四者、使未聞者聞，五者、已聞能使善解，六者、開示天路。善生！如是檀越恭奉沙門、婆羅門，則彼方安隱，無有憂畏。」

世尊說已，重說偈曰：

父母為東方，　師長*為南方，　妻婦為西方，　親族為北方。
僮僕為下方，　沙門為上方，　諸有長者子，　禮敬於諸方；
敬順不失時，　死皆得生天。　惠施及軟言，　利人多所益，
同利等彼己，　所有與人共。　此四多負荷，　任重如車輪；
世間無此四，　則無有孝養。　此法在世間，　智者所*選擇；
行則獲大果，　名稱遠流布。　嚴飾於床座，　供設上飲食；
供給所當得，　名稱遠流布。　親舊不相遺，　示以利益事；

上下常和同，　於此得善譽。　先當習伎藝，　然後獲財業；
財業既已具，　宜當自守護。　出財未至奢，　當*選擇前人；
欺誑牴突者，　寧乞未舉與。　積財從小起，　如蜂集眾花；
財寶日滋息，　至終無損耗。　一食知止足，　二修業勿怠，
三當先儲積，　以擬於空乏，　四耕田商賈，　*擇地而置牧，
五當起塔廟，　六立僧房舍，　在家勤六業，　善修勿失時。
如是修業者，　則家無損減；　財寶日滋長，　如海吞眾流。

爾時善生白世尊言：「甚善！世尊！實過本望，踰我父教，能使覆者得仰，閉者得開，迷者得悟，冥室燃燈，有目得視。如來所說亦復如是，以無數方便開悟愚冥，現清白法。所以者何？佛為如來、至

真、等正覺，故能開示，為世明導。今我歸依佛，歸依法，歸依僧，唯願世尊聽我於正法中為*優婆塞！自今日始，盡形壽不殺、不盜、不婬、不欺、不飲酒。」

爾時善生聞佛所說，歡喜奉行。

佛說長阿含經卷第十一

南無護法韋馱尊天菩薩

長阿含經

主　編—全佛編輯部
出版者—全佛文化出版社
地址／台北市信義路三段二〇〇號五樓
永久信箱／台北郵政二六～三四一號信箱
電話／(〇二)七〇一一〇五七·七〇一〇九四五
郵撥／一七六二六五五八　全佛文化出版社
全套定價—新台幣六〇〇元(全四冊)
初　版—一九九七年三月

國家圖書館出版預行編目資料

長阿含經 / (後秦)佛陀耶舍,竺佛念譯. --初版.
--臺北市：全佛文化, 1997 [民 86]
冊；　　公分.
ISBN 957-9462-71-2(-套：平裝)

1. 小乘經典

221.81　　86002269

隨身佛典

長阿含經

後秦佛陀耶舍共竺佛念　譯

隨身佛典

長阿含經

後秦佛陀耶舍共竺佛念　譯

隨身佛典

長阿含經

後秦佛陀耶舍共竺佛念　譯

隨身佛典

長阿含經

後秦佛陀耶舍共竺佛念 譯